岩　波　現　代　文　庫

井上ひさしの憲法指南

社会 325

岩波書店

目　次

編集協力＝井上 恒

第一部　憲法と生きて

第一章　憲法を読む

憲法を生きて——破られた戦力放棄と議会民主主義

もしも他人から、きみのこれまでの人生で未来がもっとも美しく、かつ輝かしく見えたのはいつであったか、と問われることがあれば、わたしはなんのためらいもなく、それは一九四七年の春から初夏にかけてである、と答えるだろう。新しい中学の新入生、その春からできた新しい野球部、新しい布製のグラブ、近くの大きな町に新築されたアメリカ映画専門館、藤山一郎の新曲「夢淡き東京」、デモクラシーという新しい言葉、そして新しい憲法と、なにもかもが新品で、蔵王山や朝日岳や飯豊山で地平線を縁どられた空さえも、連日、洗いたてのジーパンのように青かった。「社会科」という耳なれない教科も新設され、若い新任の教師が二週間にわたって新しい憲法について話してくれたが、そのときの彼の言葉の切れはしは、まだわたしの頭のどこかに留っている。

「この新しい憲法はふたつの部分からできている。第一の部分は〈国の基本組織がどうあるべきかというとりきめ〉、第二の部分は〈国民の人権保障に関するとりきめ〉。ところでこの人権というのは、国と国民ひとりひとりは対抗関係にあるということを底に据えた考え方であって、国が押して出てくればその分だけわたしたちの人権は引っ込んでしまう性質のものである。つまり、新しい憲法はゲームの規則のようなものだ。この規則を有効に使ってわたしたち国民はいつもゲームに勝たなくてはならない。負けたらたいへん、人権を、そしてやがては生命を国家に召しあげられてしまうぞ。おたがいにがんばろうな」

憲法のなかでは国と国民個人とが対抗関係にあってたえず真っ正面から睨みあっている、というこの若い教師の見解は、いまでも正しいとわたしには思われる。国民が自分たちの権利の確保や伸張のために武器を持って国と戦ったという経験のすくないわたしたち日本人にはたしかにぴんとこない考え方かもしれないが、さまざまな「憲法」の成立時の事情を見れば、すべての憲法が例外なく君主と市民との抗争の末の産物、いわば休戦条約であり、底に国と国民との間断なき睨み合いを隠していることはあきらかだ。

ではあれから三十年たったいま、わたしたちはこの生命をかけたゲームに勝っているか。はっきりした失点はふたつある。ひとつは戦力放棄というとりきめを国によって破られていること、もうひとつは議会民主主義というとりきめをわたしたち自身で踏みにじっていること、俗になるのをいとわず、わかりやすくいえば、ホームランを一発くらい、味方の連続失策で満塁の危機といったところだろうか。

わずかな利権や饗応に目がくらんで故意に失策する人たち、私生活へ逃避してゴロの転がってくるのを傍観する人たち、相手の守備妨害に抗議しようとしない人たち（かくいうわたしもまたその人たちのなかのひとりなのかもしれないのだが)、とにかく味方は総くずれ、いまやわたしたちは砂のような大衆に成りさがりつつある。かつて若い教師の言ったことが血肉となるために、もう一度長く暗いトンネルをわたしたちはとぼとぼ歩かなくてはならないのだろうか。もしも他人から、きみのこれまでの人生で未来がもっとも暗く、みじめに見えたのはいつであったか、と問われたらなんと答えよう。「それはいまです」とわたしたちは答えるのか。

『読売新聞』一九七七年四月三十日付夕刊/のち『ジャックの正体』(一九七九年五月十五日　中央公論社)収録

◇憲法を主題にしたものとしては最初のエッセイ。力のこもった憲法擁護の文章や談話が、当時はしばしば読売新聞に掲載されていたことに注目したい。

読物としての新憲法

憲法改正論者たちの「新憲法はマッカーサー憲法である」だの、「押しつけ憲法である」だの、「借り物憲法である」だのと言い立てる声が巷に満ち溢れております。そしてその一致した結論は「だから憲法を改正して、自主的なものをつくれ」であります。

たしかに憲法といえども、人間がつくったものである限り歴史の産物であることは免れ得ない。歴史の産物ですから、つくられた当時の「歴史」に影響されます。そこで当然、限界というものも生じましょう。憲法改正論がさかんになる理由もわからないではありません。ただし小生は新憲法が大好きです。新憲法となら心中したっていいと思っている。借り物だってよいものはよいのだ。押しつけられたものでも立派なものは立派だ、と信じています。ですから、「借り物でなにが悪い。漢字だって外来語だって借り物ではないか。またパンだって西洋料理だって借り物ではないか。漢字、外来語、パン、西洋料理は借り物だから悪い。このへんで自主的な大和ことばや自主的な和食に戻ろう、という人がいればそれはまことに変である。新憲法にしても同じこと、借り物だから悪い、という理屈は珍奇ではないか」

と屁理屈をこねることはできます。さらに、「押しつけが悪いというのなら、教育ということは成り立たない。どんなすぐれた教育でも最初の段階は、どうしても押しつけの部分を含むのだから」

といくらでも理屈はこねられる。しかしいくら屁理屈を並べたてても説得力がない、屁理屈はその場かぎりの下等な知的遊戯にすぎません。そこでもう一度、新憲法を読み直してみました。というわけで今回の『本の枕草紙』は、「新憲法を読み直して」という題の、いわば幼稚な感想文です。

憲法改正について新憲法(正式には「日本国憲法」というべきでしょうが、小生にはどうしても「新」をつけて呼びたい理由がある。しばらくこのままでお見逃しくださいは、第九六条ではっきりとこう明示しています。憲法改正の発議権は国会に、その承認権は国民に、公布の権限は天皇に、与えられている、と。

なるほど、このような条文があるのですから改正論を唱える人が続出しても何の不思議もありません。ここまではは っきりしております。だが、改正論者に利があるのははじつはここまでで、ここから先は支離滅裂です。筋道が立たず滅茶苦茶です。なぜか。

新憲法の新憲法たるゆえんは前文に掲げてある三つの原則につきると思いますが、それは「国民に主権があること」「世界よ、やがてひとつになれという理念にもとづいた平和主義」、そして「政治道徳の原則は普遍的でなければならない。つまり外国人にわからないようなことを日本人だけでありがたがっていてはならない」の三大原則です。この三つの大きな、太い柱が新憲法を支えており、どれかが一本外れても、たちどころに新憲法は新憲法でなくなってしまう。

一方、改憲論者たちが問題にするのは常に第九条です。㋑「独立国である以上、自力で国の安全を守るのは当然である」(昭和三十一年、自由民主党改憲案)、㋺「新憲法は国際主義をとっている、そして国連を中心とした外交をタテマエにしている。となると国連の行う制裁戦争にも参加しなければならない。だから戦力が必要だ」、㋩「自衛隊というものがもうできてしまったのだから……」と、言い方はいろいろですが、とにかく改正論者たちの狙いは第九条の改変にある。この㋑㋺㋩に対する反論はすぐ用意することができます。

そもそもこの新憲法は、独立国でありながら武力というものを持たずに「われらの安全と生存を保持しようと決意し」(前文)てできたものです。武力を持たない実験国家をみんなの手でつくっていこうと約束し合った。そこに世界史的意義があった。その約束を都合よく忘れていまさら「独立国には武力が……」というのは卑怯でしょう。

㋺についていえば、国連は兵力を出せといっているのではない、ですから兵士のかわりに医療団を派遣しても一向にかまわないと考える。

㋩に関しては、既成事実に引きずりまわされるのは、日中戦争のときの軍部のやり口でもう充分にこりている。既成事実を宿命のように考えてはならないと思う。

さて、そこで小生の言いたいことはこうです。新憲法を支えているこの三大原則のうちのひとつを改正しようというのは、もはや改正ではあり得ない。それは新憲法を新憲法でなくしてしまうことである。厳密にいえば、改正ではなく、まったく新しい、別種の憲法の制定である。改正論者は、だから改正論者と名乗っては論理的なまちがいを犯すことになります。棄憲論者、ないしは新・新憲法制定論者と名乗ってこそ、ご自分に誠実というべきではないでしょうか。そして仮面をいさぎよく脱いで新・新憲法制定論者と堂々と名乗り、いわゆる護憲論者と議論すべきでしょう。このようなきちんとした手続きをとって国民の前で白熱の議論をなさるならば、それは決して悪いことではありません。棄憲論と護憲論との間で討論が行われ、その討論をもとに国民投票があって、その結果、人びとが棄憲論を選んだというのなら、小生は泣きながらでもその判断に従いましょう。しかし改憲という、一見おだやかな仮面をかぶってじつは本心が棄憲では、もはや立派な詐欺です。くどいようですが、憲法改正というのは、その改正が成っても、例の三大原則が何の制約もうけないことをいいます。三大原則のひとつを引っこ抜くというのは、もう改正とはいわれない。新憲法破棄です。ここのところをキチンとしてください。キチンとした上でなら議論もキチンと成り立ち得ますから。

というわけで、三大原則が新憲法を支える大事な柱、一本欠けても新憲法は新憲法でなくなる、だから三大原則のどれかを引っこ抜こうというのなら、「いまの新憲法を棄てて、新しい自主憲法を制定しよう」と、堂々と表明すべきである、改憲などという口当りのいいことばで国民をペテンにかけてはいけない——これが小生の得たまことに平凡な感想ですが、ここで奥野法相の例の発言にふれれば、あれはまちがいです。第九九条にあるように「天皇又は摂政及び国務大臣、国会議員、裁判官その他の公務員は、この憲法を尊重し擁護する義務を負ふ」のです。つまり三大原則を尊重し擁護するべきお人が、三大原則のひとつを白眼でみるのですから論外です。法相は「なにをいおうと、それは表現の自由だ」とおっしゃいますが、表現の自由を保障している第二一条をよくお読みください。この条文には「何人も」という語句が出てきておりません。つまり表現の自由が犯されるのは、一般の市民であって、第九九条に出てくるような人たちではないからです。そのへんのけじめもキチンとつけていただきたいと思います。

ほんとうに新憲法は、小生にとっては痛快この上ない「読物」で、今度もそれを痛感しました。とくに前文の三大原則はいつも新しい。「新」という字にこだわるのはそのせいでしょう。

「本の枕草紙27」『週刊文春』一九八〇年十月二十三日号／のち『本の枕草紙』(一九八二年十一月一日　文藝春秋)収録

◇本好き・読書好きをテーマとしたシリーズ「本の枕草紙」にて、あえて憲法を語った。この年八月、当時の奥野誠亮法相(鈴木善幸内閣)が衆院法務委員会にて「自主憲法制定」を望む発言を行い紛糾。これをふまえての文章。

私家版憲法読本

前文は悪文か

憲法の「憲」の字を何種類もの漢和字典で調べてみた。まず、「人間の言動を取り締まるわく・おきて」と、意味が載っていて、その次に類義語は「法」であると、書き添えられている。つまり憲法は「法の法」という意味になる。「法の親玉」、「諸法の監督」なのである。

では前文とはなんだろうか。「前座」だの「前言をひるがえす」だのを思い出して、つい、本文と較べれば軽いものだとか、ちょいちょい書き替えても別に大事のないものだとか考えてしまいがちだが、日本国憲法の前文は軽いどころか、じつに重い。本文がどういう意図でつくられたかをつづった、いわば製作意図だから、下手に書き替えたりすると、本文と合わなくなってしまうおそれがある。もっと言うと、日本国憲法の前文は、「法の法」である本文のあらすじだ。「法の法」である本文の精神の、そのエッセンスである。酒にたとえれば原酒だろうか。したがって日本国憲法の前文は、「法の法、の法」であり、「法の親玉たちを束ねる大頭目」であり、「諸法の監督に年俸を払うオーナー」のような存在である。前文という、一見かろやかな語感にだまされて、これを軽々しく扱うと飛んだことになる。

なぜこんなことをくどくど書き連ねたかと言うと、この「一見かろやかな語感」を逆用して、「まず前文の語句をちょっといじりましょうよ」と言い出す人たちが、このごろ目立つようになったからである。彼等の言い分はきまっている。「これほどの悪文はザラにはないですよ。憲法にめちゃくちゃな悪文がくっついていては恥ずかしい」。べつに恥ずかしくはない。というのは、前文はきちんとした日本語で書かれているからである。主語はどれか、それさえぴしりと押えて読むならば、その意はすこぶる明瞭である。嘘とお思いなら前文の冒頭を見よ。

「日本国民は、正当に選挙された国会における代表者を通じて行動し、われらとわれらの子孫のために、諸国民との協和による成果と、わが国全土にわたつて自由のもたらす恵沢を確保し、政府の行為によつて再び戦争の惨禍が起ることのないやうにすることを決意し、ここに主権が国民に存することを宣言し、この憲法を確定する。」

たしかに少し長ったらしい文章だが、日本人なら一読してたちまちその構造をつかむことができよう。「日本国民」が主語だからこれを頭の中に保存しておく。「○○し」(漢語＋スル)とくれば、これは述語。主語を脳中の冷蔵庫から取り出し、「ああ、われわれが○○するんだな」と解せばよい。じつに単純である。どうしてこれを「日本語ではない」、「日本人には分からない」と彼等は言うのか。あまり日本人をばかにしないでもらいたい。

金田一春彦氏は国語学者としての立場から次のように述べておられる。すなわち、《平和憲法の第二条に／われわれは、平和を維持し、専制と隷属……／とはじまる文がある。「われわれは平和を維持するんだな」と思いながら読んでいくと、そのあとは、／圧迫と偏狭を地上から永遠に除去しようと努めている国際社会において／と続き、ここまで来てはじめて「平和を維持し」は「努めている」まで続き、「国際社会」にかかる長い修飾語の一部であると知る。》（講談社『現代人のための　日本語の常識大百科』四七ページ）

右の金田一氏の文章には小さな誤りが三つある。第一に、憲法の第二条にこんな個所はない。おそらく前文の第二段落の書き誤りだろう。次に、前文では「われわれ」という代名詞は使われていない。第一人称複数の代名詞はすべて「われら」である。最後に、日本国憲法は旧仮名で書かれている。しかしこういったことはごくごく小さな傷で、問題は、「平和を維持し」が主語「われら」の述語だと思ったら、じつは「国際社会」にかかる修飾語だった、というところにある。たしかに文法的には「平和を維持するのは国際社会」かもしれないが、「われらが平和を維持する」と誤読したとしても一向に構わないではないか。どっちに読んでも、内容が全然ちがったものになるわけではないのだから。むしろ「ほかでもないわれらが平和を維持するのだ」と読んだ方がずっと主体的かもしれない。このすこし前に「日本国民は、恒久の平和を念願し」という文もあるし、誤読したところで意味内容はいささかも損なわれはしない。

金田一氏の名誉のために一言しておくと、氏は日本国憲法についてウンヌンされたのではなく、日本語の特色を説明するためにこの個所を例に引かれたのだった。ただ、筆者がおそれるのは、改憲論者たちが国語学者の意見を楯にとって、「ね、だからこの前文というものは悪文なんですよ」と言い出すことである。そこでこの個所にこだわったのだ。

法律のことば

前回、筆者は、日本国憲法の前文は決して悪文ではない、と書いたが、じつはよく読むと、これがかなりの明晰さを備えていることがわかる。名文とは言えないかもしれないが、明快であり、かつ下手な小説家の文章よりずっと芸がこまかい。前回、引用した前文の冒頭をもう一度お読みいただきたい。

「日本国民は、正当に選挙された国会における代表者を通じて行動し、われらとわれらの子孫のために、諸国民との協和による成果と、わが国全土にわたつて自由のもたらす恵沢を確保し、政府の行為によつて再び戦争の惨禍が起ることのないやうにすることを決意し、ここに主権が国民に存することを宣言し、この憲法を確定する。」

国民と政府とをはっきりと区別し、きっちりと書き分けている。国民と政府とはちがうものである、だから政府が「もっと愛国心を」とか「もっと大和心を」と迫ってきても、鵜呑みにしてハイハイとうなずく必要はない、まして政府のおっしゃることだから素直にそうしましょうなどと思うこともいらぬ、むしろ国民の方が「政府よ、もっと愛国心を持て」と要求できるのだ、そしてそれこそが物事の正しい順序だ。——引用個所はそう言っている。じつに明快ではないか。とくに国民と政府とをきっちり書き分けているところは芸がこまかいではないか。

それでもやっぱり分かりにくい、とおっしゃる読者がおいでになるかもしれないが、それは失礼ながら高望みというものだ。法律の文章は、ハラハラどきどきワクワクの小説の文章とはちがう。書き手の個性で味つけしてはかえっておかしくなる。「他人のハダカや住まいをのぞいちゃだめだよ」では法にならない。かえって無法というものである。覗いた者が湯加減を見に来た銭湯の主人かもしれないし、ガスの匂いを感じたアパートの管理人が、着替え最中の女間借り人の部屋を覗きに来たのかもしれない。そこで起こりうることをすべて勘定に入れて、「正当な理由がなくて人の住居、浴場、更衣場、便所その他人が通常衣服をつけないでいるような場所をひそかにのぞき見た者」(軽犯罪法第一条二十三項)といった式の、味もそっけもない文章にならざるを得ない。もってまわった言い方になり、無個性になる。

これが法律の文章の宿命だ。逆に、無個性こそが法律文の個性なのである。また、法律文には、ある種の恰好づけ(これを権威、ないしは信頼と呼びかえてもよい)が必要だ。女装趣味の裁判長が女性踊り手のこしらえで、白鳥の湖の音楽に合わせて踊りながら入廷し、「あんた、目上の肉親を殺したから、死刑よ。チョメ」と宣告して退廷したとしよう。こんな宣告にいったいだれが従うだろうか。重々しく、偉そうに恰好をつけ、もったいぶるのは法律のことばのつとめなのである。法律文の法的な安定性は、これまで掲げた「悪癖」に由来する。

「悪癖」があるからこそ、法律のことばなのだ。だから、私たちは、「憲法前文は悪文である」、「おもしろ味がない」、「無個性だ」、「回りくどくて、もったいぶっている」などと、前文の文章に難癖をつけてくる人たちに注意しなければならない。それはつまりは言いがかり、彼等の真意は中身の改変にある。

前に述べた前文の文章としての明晰さは、じつは中身＝思想の質のよさに由来するのだが、ある人びとは日本国憲法のその中身は占領軍の「押しつけ」であったという。実際は「押しつけ」ではなくて、「取引」だったのだが、それについては次回に述べることにし、いまは百歩も二百歩も譲って、日本国憲法は「押しつけ」だったとひとまず仮定しよう。いったい「押しつけ」であってなぜいけないのか。内容がすぐれていれば、だれが考えたか、押しつけたかなどはどうでもよいことである。

私たちの祖先は中国から漢字を借用してはこなかったか。江戸期の末の開国は押しつけられたものではなかったか。明治期、西洋の技術文明を競ってとりいれたのはどこのだれか。私たちの高祖父高祖母ではなかったか。電気、自動車、飛行機、コンピューター、原理はすべて外から来た。大事なことは私たちの先祖が、血と汗を流し、智恵のありったけをしぼって、それらの借りものや押しつけをみごとに日本化したところにある。たとえ日本国憲法が押しつけであっても、なぜそれがいけないのか。問題は内容ではないか。「押しつけられた」を理由に「だからダメ憲だ」と主張する者は、これまでの日本人の血と汗と智恵とを否定することになろう。ちなみに、日本国憲法の口語化を唱え、その文章を練ったのは山本有三その他の人たちであったと言われている。

取引

昭和二十年秋から一年間の新聞を丁寧に読み、敗戦日本の混迷と動揺を追体験してみると、日本国憲法が外からの押しつけだったなどと決して言えないことがじつによく分かる。押しつけどころではない、日本国憲法は日本の支配層による、連合国軍総司令部との「取引」の所産だった。もっとはっきり言うなら、当時の支配層はむしろ渡りに舟、ありがたくこの憲法に飛びついたのだった。

昭和二十年十二月四日、ワシントン発のAP電は、同日の梨本宮守正殿下に対するマッカーサー司令部からの逮捕命令に関連して、次のように伝えている。

「ワシントンでは天皇の立場に関する新たな観測が種々に行はれるに至つた。則ち侵略戦争に対する責任は天皇にもあるとして追及される可能性が考へられ、かかる場合天皇をいかなる戦争犯罪クラスに入れるかが目下問題の中心として論議されてゐる」(七日付朝日)

同じころ、ギャラップ(米国世論調査所)は「調査対象数の七一%、三分の二以上が天皇に戦争責任ありとしている」と発表していた。ちなみに天皇に戦争責任ありとする者の半数近くが「天皇に処刑を」と答えている。さらに中国やフィリピンはそれぞれの戦犯者名簿の第一行に天皇をあげていた。すなわち敗戦の年の十二月初頭、天皇制は危機に瀕していたのである。

では、日本人の方はどうだったか。支配層はむろん、国体護持(天皇制の保存)にすべてを賭けていた。支配層ばかりではない、人々もまた天皇制の存置をねがっていたことは各種の意見調査からもはっきりしている。ひとつだけ例をあげよう。梨本宮に逮捕命令の出された日、東大生に対する意見調査が行われた。調査対象数一一三一名、これは当時大学に出ていた学生の約四割に当たる。八七%が一部改革、あるいは根本改革を条件にしてではあるが、とにかく天皇制存続をねがっている。マッカーサー元帥はこの民意を、米国務省内の知日派や英外務省などに根強くあった天皇制存置論に結びつけた。

この天皇制存置論とは、天皇制を残して日本統治に利用せよ、というものであった。

ただし天皇制を存置する場合、次の二つの条件が守られなくてはならない。天皇の力をできるだけ弱めた上で、二度と天皇と軍隊とが結びつかぬようにすること。これが絶対的な条件だった。すなわち非武装・戦争放棄と象徴天皇制、これを条件に天皇制を存置させよう。連盟脱退、真珠湾奇襲で貼られた「国際孤児」「世界の不良少年」のレッテルを非武装と戦争放棄の道へ歩み出すことで剝すようつとめなさい、でないと国際世論は永久に日本国を仲間に入れてくれはしませんよ、というわけである。そして「そうするなら国体護持はなんとか許してあげましょう」という御褒美がついていた。連合軍は心底から「天皇の軍隊」の復活をおそれていたようである。

ところで日本の支配層は、右の如きマッカーサーからの謎かけをよく理解できなかった。近衛案、松本案、そして松本案を修正した政府原案、どれもこれも右の条件に合わない。たとえば天皇から「帝国憲法の改正の要ありや否や」と下問されてその検討に当たった近衛文麿はこう述べている。「もし陸軍あるひは海軍の一部分でも残ることがあるならば天皇は多分その最高司令官の地位に留まられるであらう」。これでは何のためのポツダム宣言受諾か。

そこで業を煮やしたマ司令部が象徴天皇制や非武装・戦争放棄を盛り込んだ草案を与

えた(あるいは、作らせた)。日本の支配層は、そうか、そういうことだったのか、とこれにとびついた。以上が事の真相であったと思われる。なお同じ主題で、しかし詳しく述べた拙文(『文藝春秋』六月号掲載)があるのでできればそちらも御参照いただきたいが、とにかく時の支配層は(そしておそらく当時の日本人は)、国体護持のためにこの新しい憲法を受け入れたのである。その証拠のひとつとして、新憲法の制定審議に明け暮れた昭和二十一年の第九十回帝国議会における吉田茂首相の答弁を引用しよう。

「……単に憲法国法だけの観点からこの憲法改正案なるものを立案致した次第ではなくて、敗戦の今日におきまして、如何にして国家を救ひ如何にして皇室の御安泰を図るかといふ観点も十分に考慮致しまして立案致しました次第であります」(六月二十二日。貴族院本会議)

いまごろ、「押しつけられた」と言い出すのはまったく卑怯というものだ。

『読売新聞』一九八二年四月二十七・二十八・三十日付夕刊/のち『遅れたものが勝ちになる』(一九八九年四月十日　中央公論社)収録

◇一九八一年後半から、反核・軍縮運動が世界的な大きなうねりとなった。日本でも特に文学者たちが敏感に反応し、一九八二年一月二十日「核戦争の危機を訴える文学者の声明」が出される。同年四月の岩波ブックレット創刊号『反核─私たちは読み訴える』には、井上ひさしを含め、「声明」発表に際しての「発言」が収められた。本文は、そのような動きのなかで書かれたもの。

これからだ　日本国憲法を読もう

憲法は「おむつ」か

自民党に自主憲法期成議員同盟という団体がある。現職、あるいはOBの議員有志によって結成されているもので、会長は元首相の岸信介氏である。顧問に田中、福田の二人の元首相を迎え、会員の現職議員は三百人に達したという。また自民党には、党の正式機関として憲法調査会(瀬戸山三男会長)があって、今秋には、

一、天皇を日本の対外代表者(元首)と明記する。

二、自衛隊を合憲と認め、自衛のための武力の保持・行使のできる規定を設ける。

を二本柱とする改憲草稿を脱稿の予定であるともいう。改憲論者にあらずんば自民党議員にあらずとでも云えばよいか、当るべからざる勢いである。日本経済新聞によれば、その瀬戸山会長がこの三月下旬に鈴木首相と会い、改憲の必要性を次のようにたとえて説明したといわれる。

「現行憲法は戦後、未熟児だった日本が占領軍につけてもらったおむつのようなもの。立派な壮年になったら取り去って、国際社会で責任を果さなければ」(四月二十二日付朝刊)

日本国憲法を指して、先ごろまでは「押しつけ」といい、今また「おむつ」という。この幼稚で野卑なことばの使い方が情けない。日本国憲法がおむつだとしたら、あの第一条はどうなるのだ。天皇はおむつの象徴ですか。失礼千万な人たちである。おつむがどうかしてやしないか。

おむつといおうが押しつけといおうが、意味するところは同じ、改憲論者は「現行憲法は占領政策の落し子であって、日本人が自主的に選びとったものではない。だから……」と主張したいのだろうが、果してこれは正しいか。筆者の見るところこの主張は、まことに残念だが、瞞着でありまやかしである。もうひとつおまけをつけて詐術である。日本国憲法こそは、当時の日本人の勝ちとった戦果だった。百歩譲って云えば、日本人と占領軍との合作だった。今ごろ「押しつけられた」だの「おむつでありました」だのと言い立てるのは卑怯というものだろう。

昭和二十年十二月四日、ワシントン発のＡＰ電は、同日の梨本宮守正王殿下に対するマッカーサー司令部からの逮捕命令に関連して、こう伝えている。

「ワシントンでは天皇の立場に関する新たな観測が種々行はれるに至つた。即ち侵略戦争に対する責任は天皇にもあるとして追及される可能性が考へられ、かかる場合天皇をいかなる戦争犯罪クラスに入れるかが目下問題の中心として論議されてゐる」（七日付朝日）

また四日付のワシントン・スター紙はいう。

「今回の日本戦争犯罪容疑者の逮捕は天皇の身分の問題を再び前面に押し出すものだ。天皇に対する飾り物の顧問たる梨本宮が含まれてゐることは意味深長である。ニュールンベルク裁判の原則が日本にも適用されるやう事態を闡明(せんめい)すべきだ」

もうひとつ、ニューヨーク・タイムスのクレーン東京特派員は次のような記事を本国に送った。

「容疑者名簿は単に対米戦争ばかりでなく、一九三一年の満洲事変当時にまで遡ることを示してゐるのでその影響は狼狽以上である。真珠湾攻撃以前に政治的軍事的活動を止めた者も多数含まれてゐる、梨本宮が裁判される場合、彼が単に飾物にすぎなかつたと弁護されるであらう、然し日本人は『それならば一九三一年から四〇年まで参謀総長であつた閑院宮はどうなるか』と自問すべきである、かくて日本側が責任なしと主張してゐる皇族の責任問題が起ることは確実と見られる、事態の推移は幣原内閣の辞職を促進するだらう」

この少し前、米国世論調査所(ギャラップ)は以下の如き調査結果を得ていた。

天皇は処刑する　三三％
戦犯として裁判にかける　一八％
終身禁固にせよ　一一％
国外追放　九％

すなわち七一％、三分の二以上の者が天皇に責任ありとしている。天皇制を温存させ占領政策に利用せよという意見はたったの三％だった。

それこそ合せて梨本宮の逮捕命令に日本の首脳部が「狼狽以上」の有様を呈したことは当然である。この一カ月半前の十月十八日にトルーマン大統領が新聞記者と会見し、「日本人民が、自由な選挙で天皇の運命を決定する機会を与へられるのはいいことだと思ふ」と答えており、国体護持はまちがいなし、と信じていただけに余計その衝撃は大きく、かつ深かったろう。もう一例追加すれば十月十一日に天皇から「帝国憲法の改正の要ありや否や」と下問された近衛文麿は、四日後、AP通信東京特派員に、「陸海軍が廃止された今日、天皇の陸海軍統率権の問題をとり上げる必要はなくなつた。しかしもし陸軍あるひは海軍の一部分でも残ることがあるならば天皇は多分その最高司令官の地位に留まられるであらう」と語っている。首脳部は国体護持については全く楽観していたのだった。

ところで日本人は天皇をどう見ていたか。二つの意見調査がある。十二月四日、東大文学部社会学科内社会学研究会は各学部の学生一一三一名(これは当時大学に出てきていた学生の約四割に当る)に対して、「天皇制の存続可否についてどのような考えを持っているか」と質問した(調査票形式)。結果はこうである。

一部改革して存続せよ(四五二名、四〇%)

根本的に改革して存続せよ(四〇〇名、三五%)

そもそも批判論議の限りではない(一三九名、一二%)

廃止すべきである(七一名、六%)

別に意見なし(六九名、六%)

「とにかく天皇制を存続させよ」という意見が圧倒的である。昭和二十一年年頭の天皇人間宣言をはさんで二月五日、与論調査研究所が日本の各層に天皇制是非その他のことについての調査状を配った。回答は二四〇〇通。それによれば、

天皇は政治圏外に去り民族の総家長として道義的中心になるべき(一〇九七名、四五・五%)

政権を議会と共有せしむ(六八〇名、二八・四%)

現状のまま(三八一名、一五・九%)

天皇制反対で大統領制(一三七名、五・六%)

天皇制反対でソ連式(六四名、二・六%)
その他による天皇制支持(三七名、一・五%)
とにかく天皇制反対(四名、——)

このように十人中九人までが天皇制を支持している。マッカーサーはこの民意を見逃さなかった。もっとも天皇の人間宣言はマッカーサーの示唆によるものだったろうし、前年末にはすでに彼の方針はきまっていただろうから、右の調査、とりわけ与論調査所の結果なぞはどうでもよかっただろうが、とにかくコーンパイプの元帥は天皇制を何かの形でのこすことを占領政策の大事な柱の一本にしようと決めた。むろん米国務省内の知日派や英外務省などに天皇制存置論が広く支持されていることも彼は知っていた。その論は次の三点に要約されよう。

一、日本人は天皇を信仰的、民族的な立場から尊崇しているから、これを廃止、または弱化すると烈しい反感を招くばかりでなく、軍国主義者たちに「天皇復興」の旗印の下で再起の機会を与えることになる。

二、自由主義者を宮中側近に配することによって安全に、かつたやすく代議政体へ移行せしめることができるし、立憲君主国として天皇の役割を変えることもできる。したがって極端な革命行動を見ずして、日本の自由主義化が達成し得る。

三、軍事占領期間中、天皇を日本統治に有効に利用できる。

三ツ揃を着る決心

さらにこのサングラスの元帥は英米ソの蜜月が、ヤルタ会談をその絶頂に、急速に遠のきつつあることも承知していた。彼の名言がある。「天皇を中心に日本人が団結すれば、その力は二十個師団の軍隊に匹敵しよう」。天皇制を存続させることによって日本は反ソ反共の一拠点となるのではないか。

しかし天皇の力をできるだけ弱めた上で、さらに軍隊とは完全に切りはなさなければならない。「天皇の軍隊」は悪魔よりおそろしい。マッカーサーは、そして云うまでもなく米英首脳は天皇制を存置させるかわりに非武装と戦争放棄を日本に要求した。そしてここが大事なところだが、日本首脳と日本人は、国体護持のために、筆者から見れば欣然とこれを受け入れたのである。「押しつけ」ではなかった。逆に「渡りに舟」だったのだ。「おむつ」だなんて飛んでもない、英国製の上衣、米国製のズボン、日本製のチョッキの三ツ揃を着る決心をしたのである。もっといえば、日本人はとにもかくにも象徴天皇制を勝ちとったのである。その証拠に新憲法の制定審議に明け暮れた昭和二十一年の第九十回帝国議会における吉田茂首相の答弁を掲げよう。

――ただ茲に一言御注意を喚起したいと思ひますのは、単に憲法国法だけの観点からこの憲法改正案なるものを立案致した次第ではなくて、敗戦の今日におきまして、如何にして国家を救ひ如何にして皇室の御安泰を図るかといふ観点をも十分考慮致しまして立案致しました次第であります。(略)切迫致してをります国際の情況或は国情に鑑みまして、如何にしてもこの国家が平和主義に徹底しまた民主主義に徹底することが国を救ふ所以であると考へて立案致しました政府の趣意については、十分御考慮を希望致します。(六月二十二日。貴族院本会議)

これは山田三良議員(無倶)の「第一条に天皇は日本国の象徴とあるが、日本国の元首たることを明示すべきではないか」という質疑に対する答えである。なお余計なことだが山田議員がこの質問を発するや議場に拍手が湧きおこった。ちなみにこの前日、マッカーサーは、「(政府草案)を、そのまま採択するか、修正を加えるか、あるいは否決するか、すなわちその形式と内容とを決定するのは一に日本国民が正当に選出した議員の手によって行われるべきものである。議員は政略上の信条や不当な野心や利己的な陰謀を拭い去り自国と彼等が代表する国民に対する責任において尊厳と叡知と愛国心を以って臨むべき義務を有するものである」という重大声明を出していた。ついでにもうひとつ吉田首相の答弁を引用しよう。

――(日本に対し)平和を愛好せざる国であるとか、いろいろの疑問があり、この疑問疑惑は、日本人の立場として甚だ不利である。その不利を除くために、また日本が真に平和愛好国家として世界に先立つて戦争を放棄することによつて日本の国民の意の在るところを徹底せしむる（略）かくの如き規定を、他の憲法に類をみざる規定をおくことが宜しいと考へて、政府はこの規定を憲法に挿入したのであります。

（九月六日、貴族院帝国憲法改正案特別委員会）

この二つの首相答弁からわれわれは、当時の日本が世界の与論とある取引きをしていたことを知る。非武装と戦争放棄の道を進む、その代価として連盟脱退や真珠湾奇襲で貼られた「国際孤児」、「世界の不良青年」のレッテルを返上する機会がおとずれてくることだろう。象徴天皇制をとる、代価として皇室と国家の安泰がなんとか保障されよう。それでもやっぱり押しつけられたのではないか。どう強弁しようと押しつけられた取引きではないか。そう反問なさる方もあるだろう。そうおっしゃる読者は、先に掲げた近衛談話を思い出していただきたい。この元宰相は日本は降伏したのだ、敗けたのだという事実に目をそむけている。あるいはまったく気づいていない。だからこそ「天皇は多分その最高司令官の地位に留まられるであらう」などと脳天気な憲法改正プランを口にできたのだ。これでも納得の行かぬ向きは、昭和二十一年三月七日と八日の各紙をお読みになるがよい。七日の新聞は大きく日本国憲法草案を掲げているが、これは例の松本試案に根本的な修正を加えたという政府原案で、前文はこうである。

「我等日本国の天皇及国民は／軍国主義及過激国家主義の迷妄に由り国家及国民を破滅に陥れたる未曽有の過誤を将来再び繰返さざるべきことを痛感し／人権の尊重と国民

の為の国民の政治が近代文明国たるに値する憲法の基本原則たることを確信し／善き隣人として他国民と交り進んで世界平和の確立と人類文明の向上に貢献せんことを希求し茲に日本国憲法を改正したり」

近衛プランからみればよほど「判っている」草案だが、しかし天皇に政治上の権利を、最小限ではあっても与えている（第二十条天皇の一身は侵すべからず／大臣は天皇の凡ての国務上の行為に付責に任ず／天皇の凡ての国務上の文書は大臣の副署に由りて其の効力を生ず）。前に「平和」という文字が一度出てくるが、本文中には皆無である。これでは取引きにならない。

規範と取引き

さて驚くべきことにこの翌日の八日に、またまた「憲法改正政府草案成る」の大見出しが現われる。「主権在民、戦争抛棄、天皇は国家の象徴」という大きな活字が踊っている。これが日本国憲法の原型だった。一夜のうちにいったい何がおこったのか。答はだれでも知っている、サングラスの元帥が怒ったのである。七日付の各紙に載った政府原案では、「天皇の軍隊」が容易に復活してしまう、これでは取引きは成り立たないと腹を立てたのだ。公平にみて、残念ではあるが腹を立てた側に分がある。日本は、たとえば「日本国政府は日本国国民の間に於ける民主主義的傾向の復活強化に対する一切の障礙(しょうがい)を除去すべし／言論、宗教及思想の自由並に基本的人権の尊重は確立せらるべし」とあるポツダム宣言を受諾したのだから、この実現に全力をあげて組まねばならぬはずだった。それがいやなら受諾しなければよい。ところが今たしかめたように、受諾しておきながらなんとなくうじゃじゃけていた。筆者も日本人の末席をけがす者の一人であるから、国民性のちがいです、日本人は慎重なのです、と云いたいところだが、どうもそういう逃げは通用しないようだ。昭和二十年十二月二十三日発SF共同は、エルバート・トーマス上院議員が、

「世界は待ちくたびれている」

と放送したと伝えている。

「日本議会（第八十九臨時議会）は政府提出の二十八法案を可決したがそのうち日本人自身の発案にかかるものはわずかの三件、その他のすべては連合軍司令部の指令を単に反響したものにすぎない。八月の敗戦当時、……天皇自身を含む日本のすべての高官は民主主義に忠誠を誓い、今後日本を直ちに近代的自由主義国家に転化せしめると声明した。こんどの議会は、これらの約束の真摯さを証明すべき絶好の機会を提供するものであった。しかるに議員は日本の封建性を自由化せしめる法律を可決する代りに、美辞麗句を並べ立てるばかりだった。……日本の社会的、経済的、政治的生活は決定的に改革されなければならない。しかるに日本人自身が必要と認めている革新が日本人の自発的意志

によって行われていないことは残念である。日本の指導者たちが喚いていた憲法改正は延期されている。封建的傾向や極端な国家主義を是正するためのことを議会はなにもしなかった……」

つまり問題は日本人自身の自発的意志の有無にある。日本人がうじゃじゃけているのに業を煮やし、マッカーサー司令部が、日本の生きる道はこの方向しかありませんよというものを差し出してきたのだった。押しつけだと不服を唱える前に、自分たちがなぜ彼等より先にきちんとしたものをつくり出すことができなかったかを考えるべきだろう。仲間外れの味噌ッ滓が、その仲間にまた加えてくれと頼む。仲間のだれかが態度を改めれば入れてやるよ、と云う。しかし味噌ッ滓はどういう態度をとっていいのかわからない。じれったくなったそのだれかが、こうやるんだよと教えてくれた。そこで教わったとおりにやって再び仲間に入れてもらった。しばらくたってその味噌ッ滓が「そうしろといわれたから、そうしたまでさ。態度を改めることなんかしなくともよかったんだ」と云ったとせよ。もう味噌ッ滓以下だ。おむつという幼稚な比喩に合せて、こっちも幼稚にやってみたまでだが、心ある読者は昭和二十一年三月七日の政府原案なるものの前文と、日本国憲法の前文とを比較されたい。日本国憲法のそれの方が数等上である。主語はどれか、それさえ押えて読むならば意はすこぶる明晰である。「あんなものは日本語ではない」と唱える改憲論者の顔が、いやそれよりもその人の文章が見たいぐらいなものだ。

それでも人は、「取引きならなおいっそう改変は可能ではないか」と問うかもしれない、「だいたいあのときの取引きの相手が契約の変更を迫ってきているのだよ」と。この問いに対する答もまた前文に含まれている。日本国民は自分自身にも、また全世界の国民にも等しく「恐怖と欠乏から免かれ、平和のうちに生存する権利を有する」と確認したのである。吉田首相の答弁で見たように「自発的」にこれを確認し、規範として受け入れた。規範となった以上は、もう取引物ではなくなった。規範の中味がすぐれているなら、なおさらである。東大法学部の樋口陽一教授があるとき筆者にわかりやすく、「日本国憲法は拾得物であった。使ってみるとなかなかよろしい。それなら使い込んで、よく馴らして、自分のものにすればよいではないか」と説明してくれたが、至言だと思う。もう取引物ではなくなったからと言い立ててことわればいい。そしてこれが結論であるが、「自発的」の括弧を、われわれは取り払わなければなるまいと思う。真に自発的なものにするための苦労がこれからはじまるのだ。われわれはあのとき、前文に記されている事柄を、自分自身の手でつくりだしたわけではなかった。自民党の憲法調査会がタイムマシンを駆って過去を弄ろうとする気なら、こっちはもっと速いタイムマシンに乗って同じく敗戦直後へ引き返し、あのとき十分に展開できなかった「前文の戦い」を、こんどこそ完璧におこなわねばならない。最後に「国際法の原則は、いつでも若干の国のすぐれた国内法の原則としてまず生れる……」（長谷川正安）という意味深い言葉を引用させていただいて筆を擱こう。あまり楽天的になるのも禁物だが、われわれの憲法の前文が国際法の原則になるときが来るかもしれぬ。国際法はすこしずつではあるが、前進をつづけている。

『文藝春秋』一九八二年六月号

◇今回初めて書籍に収録される。日本国憲法全文を掲載し、その上段に護憲の井上ひさし、下段に改憲側からの石原慎太郎の文章を併記した構成になっていた。

エッセイの題材

いまは担当編集者の難儀を考えてそんなことはしないが、駆出しの物書きだったころは、なにかというと、原稿用紙と国語辞典と万年筆とインキ、そして寝袋を持って出版社の会議室に立て籠もるのが常だった。新潮社なら副社長室、講談社なら本館裏の元貴族屋敷の一室、そして文藝春秋なら第三会議室と閉じ籠るところも決まっていて、ときには四週間も五週間も長逗留した。

そのころの文藝春秋の社長は池島信平さんで、ときおりふらりとカンヅメ部屋へ見えて、数分間、話をしてくださることがあった。当時の日録を引っ張り出して眺めると、池島さんがすぐれた教育者だったこと、それが改めてよくわかる。

「人間が興味を持つ話題は十一しかない」

あるとき、池島さんはこうおっしゃった。

「十一の話題とは、セックス、結婚、子ども、神さま、お金、食べもの、旅行、スポーツ、健康(別の角度から云えば病気の話)、懐古談、そして政治です。あなたにしても、これから一生、筆で生活を立てて行かなければならないが、いつもいつも小説が書けるとは限らない。エッセイや雑文でしのいで行かなければならない時期が、きっとやってくる。そのときは、この十一の話題についてお書きになるといいですよ」

いま、エッセイの題材をあれこれ思案しながら、ふと、池島さんの教えの逆を行ったら、どうなるかしらと思いついた。人間があまり興味を持ちそうにない七面倒なことを、くどくどと書くのである。これはこれで逆手の暑さしのぎになるのではあるまいか。

このところ、「国家」ということばについて考えている。読者諸賢と同様に、筆者もこのことばを日に何度となく使っているが、どうも意味が漠然としている。意味を明確にせずに使っていると、どんなにたくみな考察を加えて、ある結論に達しても、その結論自体が漠然としたもので終わってしまうのは当然のことで、そんなことをしていたのでは時間のムダだから、たとえば、『日本国語大辞典』(小学館)を引くと、このことばが、すでに聖徳太子の十七箇条憲法の中に、「一定の地域に住む人々を支配、統治する組織」という意味で用いられていることがわかる。また、「特に天皇をさす」という定義も並んでいるし、「戦国大名の領国」という意味で使われていた時期もあれば、「国持ち大名」のことだという記述もある。

これでもまだ判然としないから、今度は外国語の助けを借りることにする。国家のことを英語では state フランス語では état ドイツ語では Staat というが、〈これらはいずれも十六世紀のイタリアにおける国家を意味する stato という意味にもとづいており、近代的な国家概念はすべてこの系統に属するものである。それは主として中世の都市国家の統治機構を意味することばとして用いられたもの〉(平林文雄『講座日本語の語彙』明治書院)だという。

さらに、平林文雄さんの説によれば、このイタリア語の stato を、もっとさかのぼれば、〈ラテン語の「組織」を意味することばの status に源を発していることは明らかである。〉ともいう。

つまり国家とは組織のことをいうらしい。これでだいぶ様子が見えてきたが、まだ十分ではない。そこで筆者は、state état stato などには共通して、「状態」という意味があることに着目した。すなわち、国家とは状態のことである、と考えたわけである。

それがどうした、おまえの理屈は暑苦しくてかなわんとおっしゃる方もあるだろうが、もう少しおつきあいください。いま、平林説も加味して、「国家とは、ある組織であり、ある状態である」と定義すると、その組織、その状態を規定するものはなにか。もちろんそれこそが憲法なのであって、憲法が、つまりその国の基本法の中の基本法が、その組織や状態の質や方向を規定しているのである。

一歩進めて、わたしたちの日本国のことを考えてみよう。わたしたちの国もまた、ある状態であることはたしかである。では、どんな状態か。その状態は、日本国憲法の三つの原理(国民主権、人権尊重、永久平和)が規定する。これを別に云えば、この三つの原理が支えている状態が日本国であるということになる。さらにもう一歩突き進めば、

三つを束ねる〝遡った価値〟というものがあって、それは個人の尊重です。条文で言うと、憲法一三条に該当しますが、この世の中に生まれた一人ひとりが自分が自分であることを尊び、自分が自分でなくなることを恐れる、そういう意味での個人を大事にするという原理です。(樋口陽一・井上ひさし『「日本国憲法」を読み直す』講談社文庫)

つまり、個人の尊重という大原理が支えている、ある状態、それが日本国という名の国家なのである。

話がいっそう暑苦しくなったが、もうちょっとのご辛抱、まもなく終わります。樋口さんは、この本の中でいくつも目から鱗が落ちるような、あざやかで、かつためになることをおっしゃっているが、そのなかからひとつだけ紹介しておくと、たとえば、樋口さんは、国民主権よりも個人の尊重が上位に置かれなければならない理由を次のように説いている。

国民主権だと言っても、国民がそう思ったら、人権なんかなくしてしまっていいのか、外国人を丸裸にして放り出していいのか、戦争の好きな人間が多数で決めたら、戦争しなくちゃいけないのかというような問題が出てくるでしょう。ですから、国民主権という原理も一人ひとりの個人の生き方を大事にするということが原点でなければいけないということです。……その上で、顔つきや背格好が違うように頭のなかで考えていることもさまざまであっていい、というよりは、あるべきだというふうな社会をデザインしているのが本来、近代憲法というものだったし、日本国憲法もまたそういう人権思想の嫡流を継いでいるんです。このことをはっきりさせておかないと、三百代言（さんびゃくだいげん）が出てくる。

これは必ずしも財界とか保守政界の話だけではない。野党に対しても同じことが言えます。たとえば、労働運動が団結権の名でもって個人の生き方までも統制するようなことはおかしいという問題をも含めて、そこがいちばん大事だと思います。

ここまでをまとめると、日本国という「状態」は個人の尊重という大原理で規定されている、ということになる。そして、この個人の尊重という大原理から、国民主権、人権尊重、永久平和という原理が導き出され、この三原理もまた、日本国がどういう状態であればいいのかを決めている。

近ごろ改憲に関する議論が興り始めているが、たとえば、ある種の論者が唱えるような、「永久平和なんぞ、とんでもない夢想であるから、これだけでも変えた方が現実的だ」という説は成り立つだろうか。前文および第九条の改変は、日本国憲法の根幹(くどいようだが、平和主義は三原理のうちの一つである)にかかわるゆえに、これは日本国憲法を全面的に変えると言っているに等しい。そんなことは可能か。理論的には可能だろうが、ここではドイツ連邦共和国憲法とフランス憲法の規定が参考になる。ふたたび樋口さんの意見に耳を傾けよう。

ドイツ憲法七九条三項は、連邦制や基本権の原理については変更を許さないとはっきり規定しています。フランスでも、共和政体は憲法改正の対象となし得ないと明文化されています。日本国憲法の前文も、私を含めて多くの人たちはそれと同じような意味を持っていると解釈しています。(前掲書)

つまり、三原理を変えれば、この国の状態が、また別のものに変わってしまうことになる。この国は、まったく別の国になってしまうわけで、これは惜しい。筆者は三原理をなによりも大切に考える者の一人であるので、これらの原理を変えようと主張する論者とは真剣に議論を交わさなければならないと思っている。

この五十五年間、核兵器が使われる寸前まで行ったことが何度もある。朝鮮半島、スエズ、キューバ、ベトナム、そして湾岸などで、全面核戦争に転化する一触即発の危機が何度となく人類に襲いかかってきた。しかし核兵器保有国はついにこの悪魔の武器を使うことができなかった。

それは核で武装することによって考えだされた抑止理論のおかげであるという人もあるだろうが、筆者はそれだけではなかったと信じる。被爆者たちの証言、物理学をはじめとする各分野の学者たちの活動、文筆家や出版社の努力、そして市民たちの運動が、核の使用を止めたのだ。この妖怪兵器の残虐さを繰り返し唱え続けた人たちが危機をみごとに押し返したのである。そしてこれらの人たちの住む国、すなわち、この日本国の状態が永久平和という原理で規定されているということが絶大なる説得力を持ったのだ。

日本はダメになったという説が流布しているが、やはり筆者はそうは思わない。少なくとも日本人は、全面核戦争回避の立役者であったし、これからもその役を懸命に果たし続けるだろう。すくなくとも、これまで述べた三原理を大切にするかぎり、この仕事を続けることは可能である。

最後まで暑苦しい理屈をこねてしまいました。やはり池島さんの教えを守るべきだったかな。

『オール讀物』二〇〇〇年八月号　文藝春秋／のち『井上ひさしコレクション日本の巻』(二〇〇五年六月二十八日　岩波書店)収録

◇二〇〇〇年の五月、森喜朗首相が「日本は天皇中心の神の国」と発言した。

いちばん偉いのはどれか

アンパンの皮に塩漬の桜の花びらをのせようと、シソの葉をあしらおうと、ゴマをふりかけようとアンパンはアンパンだが、中にアンコが入っていなければ、もはやアンパンではない。アンパンがアンパンであることを決めているのはアンコなのだ。中にジャムが入っていたら、ジャムパンになってしまう。つまりアンパンで偉いのはアンコなのである。

また、うどんの上にアブラゲをのせようと、揚げカスをおこうと、テンプラをあしらおうと、うどんはうどんだが、丼(どんぶり)の底にうどんが入っていなければ、もはやうどんではない。そばが入っていたら、それぞれキツネそば、タヌキそば、テンプラそばになってしまう。つまりうどんで偉いのはうどんなのである。

さらに、羽織をはおろうが、パジャマでくつろごうが、タキシードで盛装しようが、わたしが着ているかぎりわたしがわたしであることに変わりはない。わたしは羽織やパジャマやタキシードで変質したりしないから、わたしは衣類より偉いのである。

そして、日本国憲法に、主権在民と平和主義と基本的人権の尊重が盛り込まれているから日本国憲法なのであって、この基本原理が一つでも欠けたら、もはや日本国憲法は日本国憲法ではなくなってしまう。

ところで、政府与党は、「改憲」と称して、日本国憲法から平和主義を外そうとしている。戦さのできるフツーの国になるために基本原理を変えたいというのであれば、もうすでに「改憲」ではない。国の基本のかたちを変えるのだから、それは革命であり、クーデタである。アンパンからアンコを抜いてアンパンでなくしてしまい、テンプラうどんからうどんを取り除いてうどんでなくしてしまい、パジャマのわたしからわたしを抜いてわたしでなくしてしまおうというのだから、これは当然、革命かクーデタだということになる。

どこの憲法にしてもそうですよ。

フランスの憲法にもイタリアの憲法にも、〈共和制は憲法改正の対象とすることができない〉と書いてある。共和制がアンコであり、うどんであり、わたしであるから、つまり国の基本原理であるから、改正してはいけないのである。変えたければ革命を起こし、クーデタを勃発させ、新しい基本原理を打ち立てなさい。アメリカ合衆国憲法もたしか、〈連邦議会の権限については、変更を及ぼすことができない〉と定めていたはずだ。というより、憲法の本体には手をつけず、修正条文で改正している。どんな国だって、基本原理＝国の基本のかたちは大切にしているんです。

「軍縮問題資料」二〇〇七年四月号の北野弘久日大名誉教授と伊藤成彦中大名誉教授の対談を参考にしていうならば、各省の命令である省令より、内閣命令の政令の方が偉い。その政令より国会が決める法律が偉い。そしてその法律より憲法の方がはるか上位の規範である。憲法は主権者の国民からの命令であるから、どんな法律よりも偉いのだ。そして、同じ憲法の条文の中にも、上位と下位がある。基本原理を説いている条文は、そうでない条文より偉い。

〈陸海空軍その他の戦力は、これを保持しない。国の交戦権は、これを認めない。〉(九条二項)と、〈下級裁判所の裁判官は、すべて定期に相当額の報酬を受ける。〉(八〇条二項)を比べれば、どうしたって前者の方が偉いでしょう。くどいけれども、九条が基本原理そのものを説いている分、八〇条よりはるかに上位にあるのである。

そんなことをいったって、同じ憲法の中に改正の手続き(九六条)が書いてあるじゃないかと、おっしゃる方がおいでだろう。そこで北野名誉教授の発言を引く。

〈九六条自身は国民主権の反映ですが、手続規定ですから憲法内部では下位規範です。手続規定である九六条で上位規範である憲法の本質、根幹を変えることはできません。〉

この発言に、筆者は、前文の一節を添えて、読者諸賢のご判断をまちたい。

〈……この憲法は、かかる原理に基くものである。われらは、これに反する一切の憲法、法令及び詔勅を排除する。〉

参考までに、雄々しい条文をもう一つ。

〈この憲法は、国の最高法規であって、その条規に反する法律、命令、詔勅及び国務に関するその他の行為の全部又は一部は、その効力を有しない。〉（九八条）

ジェット機から翼を取ったら粗大ゴミで、自動車からハンドルを取ったらただの鉄箱である。日本国憲法からその本質を盗み取られたのでは、日本国憲法ではなくなってしまう。そこで改憲論者たちに進言する。もういい加減にして、「わしらは日本国憲法を日本国憲法ではない、なにか別のものにしたいのだ。別のものにして戦争したいのだ。これは革命だ。クーデタだ。覚悟しろ」と、はっきり啖呵（たんか）を切った方がいい。せこいごまかしは、もうたくさんだ。

「ふふふ66」『小説現代』二〇〇七年四月号　講談社／のち『ふふふふ』（二〇〇九年十二月十七日　講談社）収録

憲法の三原理

「また憲法論議か」と、うんざりなさる読者諸賢もおいでだろうが、今回は、以前に書いたことを整理しながら、できるだけ理詰めに、憲法を変えるとはどういうことかについて、考えてみたい。

読者諸賢と同じように、筆者もまた今の憲法を尊重し擁護しつつ生きる日本国民のうちの一人である。

その立場から見ると、憲法の改正は第九六条によって許されてはいるが、しかし憲法の三原理(人権尊重、主権在民、国際平和)を害(そこ)なう改正は、やってはならぬことだと考える。以前にもこの欄で書いたことがあるけれども、このことは、前文に「これは人類普遍の原理であり、この憲法は、かかる原理に基くものである。われらは、これに反する一切の憲法(筆者注・つまり第九六条の改正手続き)、法令及び詔勅を排除する」と書かれていることからもはっきりしている。この原則は、諸外国の憲法でも同様に貫かれており、これも以前に書いたことだが、フランス憲法でもイタリア憲法でも「共和政体は、改憲の対象としてはならない」と決めている。だから、第九条の戦争の放棄、戦力及び交戦権の否認という決まりを害なうような今回の憲法改正の動きに、非力を嘆きながらもささやかに「異議あり」と唱えているわけだ。

それでも憲法の三原理を変えたいときはどうするか。たった一つだけ方法があると考えられる。それは現憲法に不満を抱く人たちが、革命なりクーデタなりを企てて現体制を転覆したときで、そのときはじめて転覆者たちは新たな憲法を定めることができるだろう。第九九条に「天皇又は摂政及び国務大臣、国会議員、裁判官その他の公務員は、この憲法を尊重し擁護する義務を負ふ」とある以上、国会が、他の条文はとにかくとして、憲法の三原理だけは変えることができない。それは明白である。だから暴力で国家体制を乗っ取って、その上で憲法の三原理を変えるしかないのだ。ましてや「郵政改革是か非か」だけを争点に当選した今の議員諸公が憲法の三原理を変えたいと望むなどは、その資格がないばかりか、それこそ憲法違反にあたる暴挙である。

もとより右の第九九条には、主権者である国民の名が入っていない。それは国民だけが憲法を変える力を持っているからである。そこで、改憲派の議員諸公は議会を解散して、いったんそれぞれ一国民の立場に戻った上で、総選挙で「憲法の三原理を変えたい」と訴えるしかない。そして総選挙で両院で三分の二以上の議席を獲得したときはじめて、改正案を国民に提案する資格ができるかもしれない。

次に「今の憲法はただの理想にすぎない。現実を直視しなさい」などと説く向きも多いが、わたしたちの憲法の三原理が、どれほど巨きな仕事をしているか、どれほど地球に貢献しているかを知った上で、そう説いているのだろうか。

試みに思うがいい。一九六一年発効の南極条約から始まって、宇宙条約(一九六七年発効)、ラテンアメリカ核兵器禁止条約(一九六八年発効)、海底非核化条約(一九七二年発効)、南太平洋非核地帯条約(一九八六年発効)、アフリカ非核兵器地帯条約(一九九六年署名)、東南アジア非核兵器地帯条約(一九九七年発効)など、南半球すべてと海底と宇宙空間は、もうすでに、わが憲法の「平和を愛する諸国民の公正と信義に信頼して、われらの安全と生存を保持しようと決意した」(前文)という思想に確かに導かれて、核兵器のない、そして紛争の解決手段として武力などは用いまいと契約し合った場所になっているではないか。武力だの戦力だのをたがいに誇り合ってゴチャゴチャやっているのは北半球の一部の地域にすぎない。これがほんとうの現実なのである。日本国憲法の原理が、この現実を創り出したのだ。いったいその日本国憲法のどこに改正の余地があるというのだろうか。

われらが首相は「戦後の枠組からの脱却」というスローガンを掲げて登場した。戦後の枠組をこしらえたのは他ならぬ首相の属する政党であった。独立国のなかに他国の軍事基地を構えさせているのも、超強大国アメリカの言うがままの外交政策をとってきたのも首相の属する党であるから、その党是と戦ってこれまでの枠組を改めるのだなと感心した。もう冷戦時代とはちがう、ゆっくり時間をかけて軍事基地を縮小し、地位協定なども改めて、自前の頭で国際社会を生きて行こうと決心したのだなと感服もしていた。

だが、はてなと思ったのは、先のアメリカ訪問で、わが首相がブッシュ大統領に、「(慰安婦問題についての米下院の対日非難決議案は、客観的事実に基づいていないと、わたしは日本の議会で発言したが、)慰安婦の方々にたいへん申し訳ないと思っている」と謝罪したときである。謝るなら元慰安婦の方々に対してではないのか。相手がちがうのではないか。

ところが、ブッシュ大統領が、「日本の首相の謝罪を受け入れる。それに率直な発言を評価する」と答えたからびっくりした。ブッシュ大統領が従軍慰安婦でないかぎりこの問答は成り立たないのだが、彼はわが首相の謝罪を受け入れた……ということはブッシュ大統領は……まさか。

わが首相は、たぶんこう考えたのだ。「アメリカの言うことは無視できない。アメリカ政府、議会、マスコミの反発を抑えるには、謝るしかないのだ」と。しかしながら、見当違いの謝罪を受け入れた上、それを評価するようなトンチンカンな大統領と一層密接な関係になって、そのことで戦後の枠組を変えようというのなら、わが祖国に未来はない。

なによりも、そういうトンチンカンな問答を交わして平気なわが首相に、憲法の大事な三原理をいじってもらいたくないと筆者は考える。

「ふふふ68」『小説現代』二〇〇七年六月号　講談社／のち『ふふふ』(二〇〇九年十二月十七日　講談社)収録

◇これらの文章が掲載された前後に、第一次安倍内閣のもと、教育基本法「改正」、防衛庁の「防衛省」昇格、さらに憲法改正の手続きを定める国民投票法が成立する。同年七月には久間章生防衛相が、原爆投下を「しょうがない」と発言し辞任、後任は小池百合子。

第二章　九条を語る

軍隊は国民を守ってくれない

新ガイドライン関連法(周辺事態法など三法)にまつわる戦争の危険性について、軍隊は私たちを守るかということを例をあげてお話ししたいと思います。政府が国民を守らないことは、この間の阪神・淡路大震災でよくわかりましたが、そのずっと前の一九四五(昭二〇)年にもいろいろなことがありました。

満州での経験から

私がお話ししたいのは、当時の満州、いまの中国東北部でのことです。そこへ日本が満州国という傀儡(かいらい)国家をつくったことは、皆さんよくご存知だと思います。面積はだいたい日本の二倍強で思ったより小さいんですが、そこに約七〇万人の関東軍がいました。日本軍の精鋭を集めたといわれた軍隊で、武器も大変いい、兵隊の訓練度も高い。日本は、この関東軍をソ連に備えて満州に配備していました。それだけではなくて、日本の農村から大勢の農民を開拓団として――これは武装開拓団ですが――入れました。国境地帯の東の方のハバロフスクに近い所、それから満州里(マンチュウリー)という西の所、そういう所に重点的に日本の農村から村をあげて、村人のほとんど半分ぐらいが集団でそこへ入っていった。もちろん、そこでは中国人たちが畑を耕していますから、それを安く叩いて買い上げて、そこへ武装開拓団が入っていくわけですね。

一九四五(昭二〇)年の八月八日深夜、モスクワで日本の佐藤駐ソ大使にモロトフ外相が宣戦布告の通牒(つうちょう)を出します。そして九日午前〇時に極東赤軍とザバイカル軍が満州に三方面から侵攻してきました。「ザ」というのは「向うの」という意味ですからいってみれば、「バイカル湖以東軍」でしょうか。関東軍が具体的に動き始めるのは六時間後。八月九日の朝六時くらいに具体的に動き始めますが、まず彼らがやったことは、当時、新京(シンキョウ)という今の長春(チャンチュン)にあった関東軍本部を通化(トンホワ)という所、満州と朝鮮の間でまだ満州側ですが、そこへ移すことですね。つまり、日本政府は、満州の四分の三を放棄したのです。

実は、この関東軍の主力部隊は、南の戦場へどんどんどんどん引き抜かれていました。レイテ、沖縄などへ転出していた。司馬遼太郎さんも満州の戦車隊にいましたが、本土決戦に備えて一九四五(昭二〇)年の春頃に本土に移っています。だから実は精鋭部隊はすでにいないのですね。前の年の四四(昭一九)年四月に結成された師団が一番古いくらいで、鍛えに鍛え抜かれた関東軍というのは実はいなかった。四五(昭二〇)年四月にソ連から、「中立条約は延長しない、有効期間はあと一年あるが、その有効期間が切れて

も ソ連は日本との中立条約を延長しない」という通告があり、日本政府はあわてまして、五月と七月に満州の勤め人や開拓団から人を集めて、にわか仕立ての軍隊をつくるわけです。約七〇万の兵隊に三八式歩兵銃が一〇万丁、機関銃は四〇〇丁、大砲はたった二〇〇門しかない。武器がまるで足りない。

こんな状況ですけど関東軍は国境近くの開拓民を引き揚げられないんですね。危なくなってきたのに、開拓農民たちを引き揚げることをしない。なぜかといいますと、引き揚げを始めるとソ連側からすぐに動きを見破られるからです。八月九日、関東軍の司令部を通化に移して、さっそく引き揚げが始まります。満鉄という日本の国策鉄道で運ばれていくのですが、最初は関東軍の高官と偉い人たちの家族。それから満鉄社員の家族。これは一三日まで続きます。それから半官半民の会社の家族。一般の市民の退避が始まるのは一三日の午後ですね。一般市民は犠牲にするつもりで、もう〝使い捨て〟です。

結論を申し上げますと、軍隊は私たちを守ってはくれません。今までのケースを見てみますと全部そうです。偉い将軍とか大本営の参謀とか、そういう偉い軍人の家族はすぐ逃げます。この人たちは早く逃げた。その後朝鮮の平壌(ピョンヤン)で足止めを食って、結局、えらい苦労をするんですが……。いつもそうなんです。コネのある人、身分の高い家族の人たちはいつも逃げる便宜があるんです。国境近くの開拓部落でもみんな引き揚げるわけですが、そこに男衆はいないんです。老人とお母さんと子どもたちだけが残されました。そして引き揚げはそこの満鉄の家族の人たちが先で、あとは汽車が来ないんです。老人・お母さん・子どもといった何のコネもない人たちは徒歩で引き揚げることになる。

私たち日本人は、「軍隊とか自衛隊とかアメリカ軍がいれば国を守ってくれる、われわれを守ってくれる」という楽天的な思い込みがあるようですが、彼らは絶対に私たちを守りません。必ず偉い人はいつも逃げ延びる。一生懸命やっている一般の人たちがいつも不幸な目にあっています。私たちは本当に正体をはっきり見すえないといけないと思います。軍隊は私たちを守りません。

ハーグの世界平和会議

一九九九年五月にオランダのハーグで開かれた『世界平和会議』について少しお話しします。『世界平和会議』というのは今回が第三回目なんですね。第一回がちょうど一〇〇年前、一八九九年に各国のいろいろな思惑があってハーグで開かれたんですが、二回目は一九〇七年です。三回目が一〇〇年近く空いて一九九九年ということなんですね。このハーグの平和会議というのはかなりおもしろい会議で、ここでアジェンダという行動計画が決まりますと、それが自然にいつのまにか国際法になっていくという流れがあるんですね。

ハーグ会議の合意は国際法に

例えば、第一回の会議で「戦争でダムダム弾を使うのはいかにも残酷である、そういう非人道的な武器は使わないようにしてほしい」ということになると、当時は国の代表も入っていましたが、それが自然に『戦時国際法』に昇格していくんですね。第二回では『陸戦協定』という「戦争はしてもその間にも作法はありますよ」ということが出てくる。例えば撤退する時に井戸に青酸カリを投げて逃げてはいけませんとかですね。戦争をするにしてもルールはありますよというのが第二回の会議のアジェンダで出てくるわけですね。それが討議され、昇格して国際法になっていく。

一番大きい成果は、紛争が起きた時にどういうふうに平和的に解決するかということを、一回目、二回目で一生懸命討議をして、その討議した内容がそのまま国際連盟、第二次大戦後の国際連合へつながっていくんです。ですから単なる平和会議、なにか興味をもった人が集まってワァワァやるというのではなくて、世界中の注目を集めながら、よりましな世の中をつくっていこうという方向へいつも向いている会議なんですね。

それから一〇〇年近く経って、一九九九年がちょうどハーグの第一回会議から一〇〇年目なので、国際連合が肝入りになって開催しました。四万人くらい参加者が集まったそうです。僕はいろいろな事情があって行けなかったんですが……。今回はＮＧＯ（非政府組織）の方々――ピースボートから始まって国境なき医師団とかの活動をやっている、というようなとにかく世界はもうちょっとましにならないと人類のおしまいはひどいよ、と考えている国際的な組織の方たちですね――が四万人、日本からも四〇〇人ぐらい集まったそうです。

日本国憲法が世界の目標に

その中で、アジェンダが一〇項目決まったんですが、一番最初が「二一世紀においては世界の国々がめざすべきことは、戦争放棄の規定のある日本国憲法である」ということですね。ハーグ平和会議の性格を考えますと、先ほども申し上げたように、これはほとんど準国際法になっていくわけです。ただ私たち日本人はそれを知らない。

日本は原爆が二発落ちて、毎年原爆症で亡くなる方がまだ途切れていないわけです。ということは広島、長崎に落ちた原子爆弾は、実はまだ燃えているんですね。まだ爆発を続けているわけです。そういう世界史で例のない不幸な体験をしている国が、こういう憲法をもった。たいへん悲惨な経験をし、他の国々にたいへん悲惨な経験を与えてしまったという、さまざまなものを背負った日本が、たまたま戦争放棄をきちっと憲法で決めているというのは、実は世界史から日本人が課せられた人類史的使命なんですね。それに私たちは気がついていない。

だから私たちは、もっともっと自分のもっている財産を再点検しなくてはいけないと思います。私たちは本当に日本の憲法を勉強しないとだめですね。その価値を本当に認めるというか、こんなにすごいものかと考え直して、世界の人たちになり代わって守っていく。僕も含めて日本国憲法に対する勉強が足りないというのが実感です。

日本国憲法は押しつけられたものではない

戦争放棄を決めた憲法が、本当に押しつけなのかどうかということをはっきりしておきたいと思います。

日本国憲法が押しつけられたかどうかというのは、憲法問題をどこから考えるかということで、ずいぶん違ってきます。憲法を変えたい人はマッカーサーのところから考えますね。そうではなくて、ポツダム宣言を皆さんご存知だと思いますが、ここから考えるわけです。これはただの宣言ではなくて条約です。この条約を日本が受け入れて戦争を終結したわけです。連合国と日本の条約ですね。その中にいろいろなことが書いてありますが「日本はかつてあった民主主義的傾向を復活せよ」という一行があります。つまりそれが条件であって、だめだということはできないんです。無条件降伏ですから。

第一次世界大戦後の経験

では「かつてあった民主主義的傾向」とは何だろうということになりますが、これを日本史で教えないものですから、みんな押しつけだと思っています。一九二八年にフランスのブリアンという外相がアメリカの当時の国務長官のケロッグという人に手紙を出した。ケロッグはケロッグ・コーンフレーク社の一族の中の一人でハーバードの教授をやっていた、たいへん優秀な国際学者です。

フランスの外務大臣からアメリカの国務長官にささやかな手紙、私信が行ったわけです。その内容は「アメリカが一〇年前に第一次世界大戦に参戦してくれたので、第一次大戦はおかげで終結しました」と、その時のお礼をいうんですね。「これからフランスとアメリカは、いろいろ紛争が起きても平和的にそれを解決しようではないか、戦争が起きそうになって険悪になったら話し合いで全部解決しようではないですか」という提案も書いてあったんですね。

ケロッグ国務長官はたいへん感動して、「二国間条約では弱いから世界中（当時七〇カ国あった）がこれを支持するようにしたいものだ」というので、それを国際連盟に委ねるわけです。ブリアンとケロッグという二人の政治家はその年のノーベル平和賞をもらっています。つまり、世界的に支持された戦争放棄の提案なんですね。それを忘れてはいけないと思います。

日本がパリ不戦条約成立に力を尽くした

日本は当時、国際連盟の常任理事国でした。イギリス・フランス・ドイツ・イタリア・日本の五つが常任理事国でした。国際連盟に与えられた「戦争という手段を使わずに平和的にいろいろな話し合いをして、もめごとを解決していく」という案を、世界中にひろげていくわけです。日本はその時、一生懸命働いたんです。国内ではひどい弾圧が始まっていたのですが、外向きは常任理事国としてそれをかついで回って説き伏せて、他の国々と一緒になって条約にまとめます。これが戦争放棄に関する条約、『パリ不戦条約』です。これを当時の六四カ国が「それはいい」というので入るわけですね。あとの六〜七カ国というのは南アメリカの国々でしたが、しかし同じ内容で『南米不戦条約』というのを結びます。世界中の国ほとんどが不戦条約を批准して、それぞれの国の建前にしたんです。

日本も幹事国としてがんばりましたから、国内で批准しなくちゃいけない。これは短い条約なんですね。一条と二条の二つしかありません。いまの日本国憲法の第九条にある文言とほとんど同じですね。「どんな紛争も全部平和的手段で解決する、戦争は紛争の解決手段としては放棄する」というのがあって、あとは説明書きがあるだけです。これを一九二九(昭四)年の帝国議会に上げましたが、第一条の末尾の「それぞれの国は人民の名において厳粛に宣言する」という「人民」がひっかかりまして、日本は皇帝ですから日本だけが「但し書き」をしたんですが、ともかく批准したんです。つまり常任理事国として、不戦条約、戦争放棄に関する条約を一生懸命にあちこちに話をして、根回しをして、国内ではあんな時代にそれを批准した。ポツダム宣言はその時のことをいったんですね。

それを考えると、ポツダム宣言の中にある「民主的傾向」というのは「かつてあった」という立場をとれるわけで、僕はそっちをとるんです。その当時、国内では小林多喜二とかいろいろな人が殺されたり牢屋に入れられたり、私の父親でさえ農地解放運動で三回牢屋に入ったりしています。そういう日本の国内を抑えようとしながらも、やはり「戦争はおかしいんじゃないか」という国内の状況、それから第一次世界大戦があまりひどかったので「もう戦争はいやだ」という世界的な風潮・願いがあって、それが国際連盟から不戦条約にまとまっていくわけです。しかし、ご存知のように日本は満州へ出て行って満州国をつくる。それが国際連盟で全面的に否決されると脱退します。常任理事国が脱退していく。日本に続いてドイツが脱退します。さらにイタリアが脱退した。これが枢軸国で、国際連盟に残った方が連合国です。

押しつけでも何でもない

このように考えていくと、かつて日本の帝国議会が憲法第九条と同じ条約を批准した時期もあったのです。そのあたりから日本がおかしくなったんですが、それを「もう一度復活せよ」とポツダム宣言でいわれ、それで復活したと考えれば、押しつけでもなんでもありません。押しつけが悪ければ、われわれは漢字なんか使っていられないし、米だってつくっていられない。改憲をしようという人たちは、自分たちに都合が悪くなると「押しつけ」というんです。

マッカーサーが、なぜマッカーサー憲法をつくらざるを得なかったかというのは、日本の天皇制との問題ですね。東京裁判に天皇を引き出すかどうかという大きな問題がありまして、アメリカ・イギリスあたりは「やはり天皇制と日本の官僚制は温存しよう、そうでないと間接占領ができにくい」と考えた。日本は満州を直接管理したんですが、連合国は日本を間接に管理する。そうすると官僚制が必要です。それから天皇制の力も必要だというのは皆さんご存知の通りですね。日本が天皇制を残す。ポツダム宣言には「日本の国体、国の政治形態は国民の総意で決めていいんだよ」と書いてありますが、しかしずっと責任があるのは天皇ですからね、間違いなく。明治憲法の第一条の「大日本帝国ハ万世一系ノ天皇之ヲ統治ス」、これにだけこだわってあれほど戦争をやめるのを延ばしてしまって、その間に沖縄があり、広島・長崎があり、シベリア抑留問題、残留孤児に至るまで全部「第一条を認めてくれるだろうか、くれないだろうか」、そればっかりで終戦を延ばしているわけですから。連合国はこれを利用するわけですよ。

日本側の用意した新しい憲法案というのは、明治憲法とほとんど変わっていませんから、世界中から「やっぱり日本を厳しく裁かねばいけない」という声が出る。日本の頭領は誰かといえば天皇に決まっていますから「天皇を東京裁判に引き出す」ということになる。その時にマッカーサーが「日本は明らかに変わりました。ポツダム宣言に本当に忠実に新しい憲法をつくりました、ということをやらないと天皇が引き出されますよ」と、追い込んでつくったようなものです。で、そこから始めると「マッカーサーに押しつけられた」となってしまいます。でもその前からいけば、もともと日本は「民主的傾向」があって、国内でもいろいろ運動があって、それを抑えつけた一派もいれば、その間潜っていた人もいれば、転向した人などいろいろありましたが、しかしかつて日本国憲法を日本人はまったく考えていなかったわけではない。明治憲法ができる時だって、いまの日本国憲法の中にある非常に先見的なものが入っていますから、全部押しつけられたというのはひどい見方ですね。

それからもう一つ、憲法は「長い間変えていないからだめだ」とよくいいます。「五〇年間変えていない憲法なんてどこにもない」と。日本の場合でいいますと、憲法に三つ大事なものがあります。「主権在民」、天皇じゃなくてわれわれ国民に主権がある。それから「平和主義」「基本的人権の尊重」。基本的人権というのは自分の運命は自分で決められるということだと思いますが、そういうものを変えたりするような改正はどこもやっていないんですよ。アメリカが修正、修正というのは、憲法のもっている精神をもっともっと強調する、はっきりさせるために修正しているんです。新聞が「こんなに変えていない憲法はおかしい、古い」とよく書いていますが、そうではないですね。憲法の大事なところをもっと強調するために、いろいろな修正をする場合はありますが、大事な三本柱を外すために改定するなんていうのはむちゃくちゃです。

やっぱり憲法をどういうふうにこちら側から攻め込んで守るかというあたりが大事だなと、僕なんかは内心思っています。

選択肢の一つは中立国

将来を見通すと中立国という第三の方法があります。これは国際法でも利益代表国、利益保護国といって、戦争の場合には、必ずある国の利益を代表する中立国が必要です。第二次世界大戦では日本の利益を代表するいろいろな国がありました。たとえばスイス・スペインという国がそうでした。日本の利益を代表して向こう側に物をいうとか、そういう規定も全部あります。戦争をやりたい国に対しては「やめるよう」に説得しますけれども、それほどやりたいならどうぞやってください。その代わり戦争で起こる不都合な悲劇というのはわれわれがなるべくそれをカバーしましょうと。良心的兵役拒否というのがありますが、それを国家でやってしまうという方法です。現にたくさんそういう国がありますから、そっちの道を僕は探していきたいと思います。

第二次世界大戦での納豆の話

一つだけ例をあげますと、第二次世界大戦が始まると、全米各地に一〇カ所の日系人の強制収容所がつくられました。一つの収容所に一万人ぐらいが押し込められていた。そのうちに、豆腐づくりが始まり、やがて納豆もつくろうということになる。では、納豆菌をどうやって入手するか。サンフランシスコのスペイン総領事館にそう申し出るのです。スペインは敵味方に限らず収容所を全部視察して歩くのが中立国としての仕事だったんですね。中立で戦争をしませんという国はただ遊んでいられるわけではなくて、スウェーデンだと船を提供して人質船として使ってもらったり、いろいろなことをするわけですが、スペインの場合は世界中にある収容所、捕虜収容所を敵味方関係なく全部点検して、国際法にもとづいた待遇を受けているかいないかをチェックしていった。そういう仕事もあるんです。スペインはいろいろなつてを頼りながら日本から納豆菌を持って行って、三カ月後ぐらいにカリフォルニアの一〇カ所の収容所で一斉に納豆をつくるということをやっています。このように必ず中立という生き方がある。

ですから「いや、第三の道があって拒否する道がある、自分の国の運命は自分たちが決めるのであって、他の国に決めてもらう必要は全然ない」という立場をしっかりさせることが大切です。

岩波ブックレット515『暮らしの中の日米新ガイドライン――「周辺事態」を発動させないために』二〇〇〇年八月十八日　岩波書店

◇二〇〇〇年三月四日東京で行われたシンポジウム「新ガイドラインの発動を阻止しよう！」での発言記録をもとに編集されたもの。

一九九七年九月、橋本龍太郎内閣のもと、日本と極東の安全を図るとして「日米防衛協力のための指針」いわゆるガイドラインが日米合意に至った。一九九九年五月、小渕恵三内閣において、これをさらに「アジア太平洋地域」に拡大した「新ガイドライン」が定められ、一連の関連法(周辺事態法)が成立する。この結果、日本国外「周辺」におけるアメリカの紛争への協力が可能になり、しかも、内閣の一存で国会の承認なしに発動できることとなった。続いて、同年八月いわゆる国旗国歌法成立、翌二〇〇〇年一月衆参両院に憲法調査会発足という状況であった。

世界の真実と中村哲さんのこと

わたしはいま、世界でもっとも貧しい国で、自分の持っているものをすべて注いでその国の人たちのために尽くしている一人の医者の話をしようとしています。すべてを捧げて貧しい人たちのために医療活動を続けている日本人の話です。

わたしがこの中村哲先生という医者の話をするのは、他人に言われたからこうだとか、いまのところこれがいちばん妥当な生き方だからこう生きようとかいうことでは、もうダメだからです。

中村さんは一九四六年、福岡市の生まれ。ここ十八年間、パキスタン北西辺境州の州都ペシャワール市を拠点に、らい病(ハンセン病)とアフガニスタン難民の診療に心身をささげている医師で、年間二十万人を診療するNGO、ペシャワール会の現地代表です。

医師という、収入の多い仕事についていた人が、なぜこの生き方を自分で選びとったのか。彼は無給です。給料は貰っていません。家族の食い扶持は定期的に帰る福岡の病院に勤務して稼いでいる。

なぜ彼はそんなことをしているのか。

この世はお金だけではない、他人の役に立つことがいちばん自分はうれしいんだと考えているからです。そして、こういう人たちが、じつは日本人の信用を高めている。

アフガニスタンという国は、たいへん歴史の古い国です。

たとえば孫悟空の話、あれは中国の偉いお坊さんが、仏教のありがたい経典を探しにアフガニスタンを経てインド、天竺へ旅をする。つまり「西遊記」ですね。その経典が中国語に訳され、やがてそれが日本にやって来るわけです。ですからけして日本とつながりのない国ではありません。

このアフガニスタンの普通人の平均年収は八百ドルです。日本円にすると、約九万円くらいです。ひとりの大人が一日一生懸命働いて一年間の収入は、九万円です。

わたしも会員の一人ですが、中村哲さんの活動を支えるボランティア組織があって、これをペシャワール会といいます。一年間の会費が一万円です。最低三千円から会員になれる。そのお金が、アフガニスタンに運ばれると、わたしの出した一万円が、アフガニスタンでは普通の大人の一・三カ月分の収入にあたる。日本のお金はいまのところそれなりに値打ちがあって、世界でもっとも「遅れた国」に行きますと、それが何十倍もの値打ちをもってくるわけです。

ですから日本で一億円集めて、それをそっくりアフガニスタンに持って行くと何十億円もの価値が出てくる。こういう為替レートの仕組みを利用して、日本でお金を集めてパキスタンやアフガニスタンに送ってそこで物資を調達すると、日本の一万円で向こうの何十万円の買い物ができるわけです。

中村さんはまず、ペシャワールという、いま新聞にしきりと出てくるところですが、ここを中心に、らい病の医療活動を続けている。

向こうの人は、距離を表すのに「ああ、あの村へは三日の距離だ」と言うそうです。

つまり何キロという計算の世界ではなくて、歩いて三日かかるところだとかいう国なのです。平均寿命は四十三・五歳です。大人がだいたい四十五歳まで生きれば長生き。日本でいうと、七十から八十歳ぐらいで、「ああ、あの人はまぁ寿命に不足はない、精一杯生きられたな」というのが日本人の感じ方ですが、アフガニスタンではその半分です。四十五歳まで生きた、あぁ長生きだなと思う。

それから生まれた赤ん坊は、五歳までに、四人にひとりは死んでしまう。

そういう、世界でいちばん貧しい国です。

ただし、貧しいかどうかは、外側の人が決めるのではなくてそこで住んでいる人が決めることです。一年間に九万円しか収入がなくて、赤ん坊は生まれてつぎつぎに死んでいくし、長生きしたところでせいぜい五十歳、そういうところは不幸だな、と外からは言いますが、住んでいるアフガニスタンの人にとってはそれが当たり前ですから、そう不幸ではないのかも知れませんけれども。

それから、世界各地に対人地雷がたくさん埋められたままですが、いまの地雷は、人を殺さないで、半死半生にする。足が一本取れるとか、腕がなくなるとか、顔がぐぢゃぐぢゃになってしまうとか、体が一生、不便になるように爆発する。地雷が爆発して人を殺すと、そこである意味でおしまいなんです。人はやがて死者を忘れる。でも足一本なくしたり、手を一本なくしたりして一生生きて行かねばならぬようにすると、地雷を仕掛けた国の恐ろしさを一生思い知るだろう、というわけです。いまの対人地雷は、人を殺さないけれども半死半生にして、そして一生を生き永らえさせて、その恐怖をからだの芯から知ってもらうという恐ろしい兵器なのです。まったく人間というのは鬼畜生にも劣るところがある。

統計によって数字が違いますが、国連の調査では、世界に八千万個ぐらいの地雷が埋められているという。そしてその半分が、アフガニスタンに埋められている。その意味では、アフガニスタンに人間の悪意が集中しているといっていいでしょう。

アメリカがそのアフガニスタンに対して空爆をしました。

爆弾と食糧をいっしょに落とすのもどうもインチキくさい。子どもたちが落下傘で落ちてくる食糧を取りに地雷原に飛び出していく。それを拾うために何十人、何百人となく地雷を踏んでしまう子どもたちやその母親たちがいる。それからカイバル峠、この地名も近頃よく聞きますが、パキスタンとアフガニスタンとをつないでいる峠があります。そこに立て札があって、わたしも写真で見ましたが、「みなさん、注意してください。アフガニスタンでは一日に平均七人の人が地雷に引っかかっています」と書いてあります。

このアフガニスタンは、この二十年間内戦の連続です。これは日本の戦国時代のような国、あちこちでいろんな部族がいて、戦国大名みたいに群雄割拠しているわけですね。いつも政情が定まらない。そこで、そこに列強がつけこむという構図です。

これは、アフガニスタンの人々の責任だと思います。そこの国がきちっと安定しないのは、そこに住んでいる人たちの責任がありますから、これはいちがいにアフガニスタンの人たちを全部いい人だというふうには言えません。ただ、アフガニスタンには選挙制度がありません。ですから、自分たちの指導者を自分たちで選ぶことができません。

日本には選挙制度があります。かなり棄権する人も出ています。とくに若い人の棄権率は非常に高い。でも、アフガニスタンには選挙をする制度もない。自分たちのリーダーを選べないのです。そういうところで、二千五百万人の人たちが生きている。

らい病では神経がなくなります。サンダルを履いて生活しているのですが、サンダルは底に釘を打ちますので履いているうちに釘が出てくる。そうすると、サンダルの釘がどんどん足に食い込んできますが、らい病患者にはわかりません。神経がありませんから、皮ふがどんどんこわれていく。そして、その傷口からばい菌が入ってきてほかの病気になる。これをどう解決したらいいか、中村先生はさんざん考えて、病院のなかにサンダル工場を建てました。釘を使わないで、日本から取り寄せた強力な糊でくっつけたサンダルをつくった。こういう細かなところから改良して行くんですね。自分たちで改良サンダルをつくってしまいます。

自分の技術を、中村さんの場合は医学ですが、それをそこの人たちのために役立たせている。その活動を日本のいろんな人たちが一年間に三千円、学生さんは千円ですが、出し合って支えているわけです。

中村先生がやっている基地病院は、すでにもう十カ所に分院というか、診療所をもっています。

ですからアフガニスタンの人たちはこう思います。日本人はどうしてこんなに親切にしてくれるんだろう。戦争がはじまると他の国のボランティアは、みんな逃げてしまうのに、なぜ日本人のこのお医者さんのグループはやさしくしてくれるんだろう。こうして日本人に対する信頼が生まれていくわけですね。

なにしろ中村先生とその仲間たち、看護婦さん、検査技師、みんなボランティアです。お金にはならないけれど、人のためになるのがなによりうれしいという人たちがそこへ出かけて行って一生懸命やっている。そういう人たちによって、じつは日本人の信用が支えられている。

おととし、アフガニスタン、トルキスタン、タジキスタンの辺り、ユーラシア大陸中央部といいますが、ここにとてつもない大干ばつがやって来ました。

その被害はアフガニスタンにおいてもっともひどく、〈千二百万人が被害を受け、四百万人が飢餓に直面、餓死寸前の者百万人と見積もられた(WHO、二〇〇〇年六月報告)〉といいます。

中村先生によれば、地球の環境条件が非常な変化をきたしていて、それがユーラシア大陸に現れてきているというのですが、とにかく水がなくなってしまった。

日本は急な山がたくさんある島国でなぜ洪水が起こらないのだろう。とうの昔に学校で習ったことでしょうが、日本には水田がたくさんあって、ダムの代わりをしてくれる。山から激しく流れてくる水を止めながら、止めた水で稲が育ってさらに下の田んぼへ水がいく。水田というのは治水機能があるということですね。

アフガニスタンは、平均四、五千メートル、低いところで三千メートルという山国、高地国です。富士山より高いところで人間が生活している。もちろん、そこでもやはり畑をつくったり麦をつくったりしています。どこから水を持ってくるかといいますと、あそこは早くから雪が降って遅くまで溶けないで、ところによっては万年雪になりますが、その雪があたたかくなると溶けはじめて地下水になったり、国土を流れる河になったりするわけです。

ほとんどは地下水になって、井戸を掘って生活水にしたり畑に回したりして、生活と農業を成立させている。それが日照りになって、雪が積もらなくなってきた。

地球がいま非常に大きく変化しているのは、みなさんご存知でしょう。

地球温暖化、化石燃料を燃やしすぎて地球の周りに薄い膜がかかって、地球が温室みたいになってきている。世界的、社会的な課題は地球のこの温暖化をどう食い止めるかということです。みなさんが社会に出て働いている頃に、たぶん、地球をどうしたら人間が住めるようにできるかという、大きな問題がおこっているでしょうが、とにかく去年(二〇〇〇年)の夏、ヒマラヤの雪が少なくなり地下水がたいへんに減ってしまった。井戸は涸れる。河の水は干上がる。水がないとこれはもう、家畜も人間も生きていけませんので、村を捨てて都会へ出てくる。そして、都会で難民になるほかない。

中村哲先生は、パキスタンとアフガニスタンに病院を十カ所つくったわけですが、これは全部日本の人たちが寄付金で支えている。これはさっき申し上げたが、各地で無料診療を続けているうちに、どんどん子どもが担ぎこまれてきて、赤痢やコレラや脱水症でつぎつぎと亡くなって行く。中村先生とスタッフたちは、なぜ急に子どもたちが死んでいくのか、原因はなにかと調べていくうちにじつは、水がなくなっていて、食器が洗えないとか、汚い水を飲むとか、干ばつによる水不足が原因で、弱い子どもたちがつぎつぎにやられていくことに気がつくわけです。そこで中村先生たちは考えます。

「われわれは医師として来たけれど、このまま放っておいていいのか。もし病気の原因が飢饉、つまり水不足にあるとするならば、医者の仕事はいったん脇に置いておいて、きちんとした井戸を掘るのが大事ではないか」と議論を始める。

「でも、医者が井戸を掘るわけにいかないではないか」

「掘っても下手だろうし。それよりもやはり医者として、看護婦として、手を尽くすのがいちばんいいのでは」

「いや、やっぱりその前に水をなんとかしなくては」

たいへんな議論があった末、中村哲という人物はこう決意します。

「医師である自分が、命の水を得る事業をするのは、あながちかけ離れた仕事ではない」

ということで、お医者さんのグループが今度は井戸掘りの計画を立てるわけです。もちろん医療行為は続けながら。

「風の学校」という、世界中で井戸を掘っている日本人のボランティアのグループがあります。主にアフリカ、南米とか砂漠地帯で、自分たちの技術を活かして水に困っている人たちのために井戸を掘る奉仕活動をつづけている。そこと協力し合ったり、それから「昔、あの人は井戸掘りをしてたらしい。いまはでもはやんないわねぇ」なんて言われているおじいさんが参加して、そしておととし一年間でアフガニスタンに井戸を一千本掘った。

四千メートル、五千メートルの山の上でふつうに暮らしているところです。しかも飢饉です。干ばつです。水不足です。上のほうの地下水は涸れていて、もっと下の水源を掘り当てないと水は出てこない。彼らは、現地の人たちと協力して一生懸命掘るわけですが、これがじつは大事なことなのですね。

日本人のもっている技術を使って現地の人といっしょに井戸を掘る、あるいは病人を看る、という仕事を通じて、アフガニスタンに医者や看護婦や井戸を掘る専門家を育てているわけです。

そうして、六百五十本がみごとに成功するのですが、山ですから掘っているときに、ときどき水牛ぐらいもある大きな硬い石にぶつかるわけです。そんなときにどうするか。

さきほども言いましたが、アフガニスタンはずっと内戦つづき。一時期共産党政権ができて、そのあと押しをソ連がやっていた。それに反抗する反政府ゲリラをアメリカが応援した。これがいまテロや紛争の原因になっているわけです。つまりアメリカとソ連が、代理戦争をアフガニスタンでしていた。そのお互いが埋めた地雷がたくさんあるわけです。また、打ち込まれたミサイルが不発弾であちこちに埋まっています。

そこで中村先生は、その頃活躍したゲリラの指揮者たちを集めて、不発弾や地雷を掘り出して解体し、なかにある火薬を使って石を爆破していきます。石に火薬を詰めるために穴を開けなければならないのですが、これがふつうのドリルでは歯がたたないくらい硬い。すると、動かなくなってソ連軍が残していった戦車がありますから、そのキャタピラ、地面にかみ合う部分、ここは世界でいちばん硬いハガネで、これを外してきてドリルの先に付けて石に穴を開ける。そうして火薬を詰めて爆発させて掘り進んでいく。

つまり、人を殺す兵器を、人を助ける井戸掘りに使っているのです。凄い知恵だと思いませんか。

では、中村先生たちの報酬はなにか。

現地の作業員がひとり亡くなったことがあります。滑車で撥ね飛ばされて井戸の底に墜落してしまいました。お悔やみに出かけた中村さんたちに、作業員の父親が言います。

〈「こんなところに自ら入って助けてくれる外国人はいませんでした。息子はあなたたちと共にはたらき、村を救う仕事で死んだのですから本望です。全てはアッラーの御心です。……この村には、大昔から井戸がなかったのです。みな薄汚い水を飲み、わずかな小川だけが命綱でした。……その小川が涸れたとき、あなたたちが現れたのです。しかも(その井戸が)ひとつ二つでなく八つも……人も家畜も助かりました。これは神の奇跡です」〉

こういう言葉を唯一の報酬として、それに励まされながら井戸を掘り続けていくのです。

そしてたとえば、日本のほかのボランティア・グループは、アフガニスタンにいられなくなってイランや、パキスタンに難民になって出ていった村人が戻れるように、彼らのふるさとの村の地雷を除去して、一生懸命に道路をつくっている。

村が整備され、井戸があれば農業ができます。小麦もあります。果物もあります。アフガニスタンはじつは果物王国です。

山形県も日本でいちばんというぐらいの果物王国ですね。作っていないのはみかんとバナナぐらい。さらにこれは山形県の賢さだと思いますが、値段の高い果物を作っている。一山いくらでなくて一粒いくらという、高値の果物の王国です。高級料亭で「えーこれは、山形のラ・フランスでございます」なんて口上つきで、小さなかけらが出てくる(笑)。「おお、これがそうですか」と、みんなゆっくり味わって食べる。それがここに来ると子どももみんな丸かじりしてますからね。贅沢といえば贅沢です。作っている強みですね。

ところで、アフガニスタンのスイカは世界一おいしいそうです。そうした農作物ができる条件を整えて、難民を自分の村へ帰すという運動をしている大勢の日本人もいます。それから若い日本人たちで、地雷をゆっくり掘り出す、そういう地道な仕事をつづけている人たちもいます。

ちなみにいまのスピードで地雷を除いていくと、世界のすべての地雷を除去するまでには一千年かかるそうです。馬鹿ですね、人間というやつは。たしかに馬鹿なところがある。とんでもない人殺しもいれば、人殺しをする地雷をつくる工場もあれば、地雷を振りまく政治家や軍人たちがいる。でも絶望するのは早い。というのは、同時に、その地雷を無償でコツコツ一個ずつ掘り出そうという人たちも、一緒に生きている。ですから、将来どっちになるかですね。どっちの味方になるか。どっち側に立つか。これがみなさんの一生の値打ちを決めていく。

農業というのは、これは人を助けるほうに回る仕事です。

みなさんは人のために大事な食べ物を提供する、そういう仕事に就かれる割合が多いと思いますが、わたしはずっとその応援団のつもりでいます。

わたしの夢は、甲子園の野球大会で、たとえば新発田農業と置賜農業が決勝戦でぶつかること(笑)。それから、広島に西条農業というのがあります。近鉄の礒部という五番打者がいますが、大ひいきなんですが、理由はひとつ、この西条農業の野球部出身だということです。甲子園の決勝戦か準決勝あたりに農業高校が四チーム中、三つぐらい集まったらいいだろうなと思うんですが、それはともかくとして、仕事にはそうやって、他人が不幸になってなんぼ、という仕事と、人を助けて人のためになっていくら、という仕事がある。

そして、人を排除したり、人を殺したり、人を不幸にしたりして成立する仕事のほうが、じつは給料がいいのです。

そのことを、頭のどこかにおいていただきたいのです。

本論にもどって、困っている人を助けたい、自分の技術を人のために役立てたいという人たちが、そういう国々に出かけていって活動している。これはひょっとしたら日本人がいちばん多いかも知れません。

これが日本の信用になっている。

日本の政府の信用なんか全然ないですよ。「日本の外交方針は?」なんて訊く外国の新聞記者はひとりもいません。アメリカの外交方針をみれば、日本はその三下奴(さんしたやっこ)、アメリカの言うとおりにやっているだけですから、なにも訊く必要がない。

外務省の実体はまちがいなくアメリカ政府の出先機関で、だからあんないい加減なドタバタ騒ぎをやっていても成り立つ。なにも考えない、アメリカの言うとおりにやっているだけ。だから今度の九月十一日のテロ事件でもさっそくインド洋に出かけて行くのです。

たしかに理由なく、その人の未来を断ち切るというのは人間として許されません。あのテロは極悪非道のひと殺しです。でも、それを追いつめるには別の方法があるのではないか。

みなさんはもちろん、国連をご存知でしょう。こういう世の中になってくると、これからますます大事になってくると思います。

その国際連合がいろいろな活動をしますが、その予算は当然、国連の加盟国が負担している。これは国によって負担率が違います。

いちばん負担率の高い国は、アメリカです。一九九八年の国連の通常予算一五億六〇〇〇万ドルの二五パーセントが割り当てられている。

二番目はどこか。日本で一八パーセントです。三番目がドイツで九・六です。国連加盟国は二百近くありますが、百番以下の小さな国は〇・〇〇一パーセントぐらいを負担している。

ところが、国連の費用の二五パーセント、つまり四分の一を負担しなければいけないアメリカがずっとそれを払っていない。この間テロが起きて、国連総会でテロに抗議する決議をしてもらうために、あわてて三億ドル払いましたが。

アメリカが、分担金を払っていないために、国連の予算はいつも赤字です。その赤字を埋めている国の代表が日本です。

もちろん、国連にも、たくさん問題はありますが、とにかく日本は国際社会にたいへんな協力をしているんです。

なにも恥じる必要はないのです。われわれが一生懸命働いたお金で、世界のことをうまくやっていこう、争いをなくしてみんなでなんとか生きていこうという、国際組織の活動のもとになる費用をずいぶん負担している。だから堂々としていい。

それから日本は、戦後五十五年間これまで、軍事行動で外国人をひとりも殺していないんです。日本人もひとりも軍事行動で死んでいない。

さらに日本は、部品こそ作っていますが、完成したかたちの兵器を一台も、爆弾一個も外国に売っていない。これはすばらしいことです。日本はよく顔がみえないと言われます。その度に日本人は「そうかなあ、はっきりしていないのかな」なんて自信をなくしますけど、これはまちがいです。日本は戦後五十五年間、軍事行動でひとりの外国人も殺していない、一個の爆弾も完成した兵器として外国に売ったことがない、潔白な国、なのです。これをわたしは誇りに思います。これこそ日本人の五十五年間の努力の結晶だと思います。

さらに知らない国へじつは十八年も前から出かけていって、そこの人々を病気から救い、井戸まで掘って一生懸命尽くしている日本人がいて、それから地雷をせっせと取り除いている日本人がいる。これもまた国際貢献なのです。

ところがわたしたちが選んだ国会の人たち、あるいは霞が関の人たちは、なんでもアメリカの言うとおりにやっていないとこの世は生きていけない、と変なふうに考えている。アメリカがなにか言うと、ハイ、ハイ、ハイと言ったとおりにする。

こう考えたらいいかもしれません。

――ある町内会。そこにとんでもない大金持ちがいて、あんまりひとりで稼ぐので町内会はみんな貧乏している。この大金持ちは町内会長で、会長なのに町内会費をぜんぜん払わない。町内で意見をまとめてもらいたいときだけちょこっと払う。しかもいばりくさって、なんでもオレの言うとおりにしろ、と言う。そこに二番目の金持ちがいて、これが副町内会長、一番目の金持ちの言うことばっかりきいてる。町内会長にベタ――ッとくっ付いて「はい、会長ごもっともです。会長の憎い人はあたしも憎いです」なんてことを言ってる。で、町のはずれに貧民街があって、ほんとは少し立派な会長だったら、稼いだカネをちょっと回して屋根を修理したりすればいいのに、「あそこが貧乏なのはオヤジが酒呑みで怠けもんだからだ。早く町から出てってくんないかな」なんて言う。そこの子どもがつねづね「あの会長はカネ持ちかもしんないけど、やること冷たいね、意地が悪いね」なんてこと言う。で、会長の家に石を投げたらガチャンと窓ガラスが割れる。これまで石なんて投げられたことがないもんだから、町内会長はカーッとなって子どもを出せーっと、いまその子どものボロ家を、手下の副町内会長の日本をお供にしてたたきこわそうとしている――。

わたしの勝手な考えですけど、アフガニスタンの空爆は、この町内会のたとえ話にちょっと似ているんじゃないかと思います。

わたしはテロリストを応援する気はありません。いのちは、自分が使い尽くすものであって、他人がそれを途中で断ち切ったり、他人の都合で先を失くしてしまったり、これは絶対に許しちゃいけません。

ただ、そこまで追い詰められていくというつらさもある。それを解決するには、国家の上にある国際組織をうまく運営するしかないわけですね。

アメリカは、人口は世界の四・五パーセントなのに、世界の四分の一の二酸化炭素を排出している国です。そのくせ京都議定書にはそっぽを向く。それから地雷禁止条約にもそっぽを向く。核実験禁止条約にもそっぽを向く。はっきり言えば、いまのところは一人勝手な国家です。アメリカには忠告者が必要です。その忠告国の一つに日本がなれたら、すばらしいと思うのです。なにしろ、日本は、武器を売っていない、ひとりも軍事行動で人を殺していない国でもあり、さらにこうして他人の国に出かけていって他人の不幸を救おうとしている国の一つでもあるからです。もちろん、一方には、アメリカの言うことを聞かないと日本は生きては行けないのだと唱える日本人もたくさんいます。みなさんはどちらの日本人につきますか。みなさんの課題は、お一人お一人世の中のいろんな先行きがあるけれども、どこでどんな生き方をするのか。もっとたくさんの選択肢はあります。ありますけれど、かんたんに言いますと、そういう分かれ道にみなさんそれぞれ立っている。

ですから、将来の自分の進む道をじっくり考えていただきたい、というふうにいま申し上げているのですが、やっぱりわたしの頭のなかには、小さい頃にグラウンドで見上げた、当時のあの農業高校のお兄さんたちの、走る姿の美しさ、速さ、円盤投げを投げるときのあのフォームのかっこよさ、その飛ぶ距離、というのを、いまだにどこかに憧れて尊敬している気持ちがあるものですから、高いところからちょっと生意気なことを申し上げたかも知れませんが、少し先に生まれた世代のひとりとして、日本は、かなりいい生き方をしている部分もあるし、そうやって世界の人たちの信用をつないでいるところもあるということを分かっていただきたかったのです。

日本はいま、ダメな国ということになっていて、ダメなところは徹底的にダメです。これは『週刊東洋経済』という経済誌に載っていたのですが、小泉首相は、テロの起きた次の日に、山﨑拓幹事長とすれ違ったときに、「おい、ついてるね」と言ったそうです。すると「ええ、ついてますね」と山﨑さんも答えた。これはわたしが邪推で言っているのではなくて、ちゃんと週刊誌の記事になっている。

つまり、構造改革とかいろいろ言いながらもう経済はどんどん落ちていくし、小泉さんとしても手がなかったところにあのテロが起こった。しばらくは世の中はそっちへ気が行って、小泉内閣がなにをやろうとしているかなんてことは一カ月くらいは関心がそれてしまうだろうと、そのことで「ついてるね」「ええ、ついてますね」という問答になった。

たまたま側にいた記者が怒って書いています。

だから、そういうアホな人たちもいて、そのアホな人たちを選んだのもわたしたちですから、そういうまちがいを犯している大人たちもたくさんいるわけですね。それが多数党ですから。そうではなくて、人間のことをしっかり考える、農業のことをしっかり考える人を、選ばねばならない。いままで政権は農業のことをしっかり考えてくれましたか。けっきょくだましだまし――補助金をあげるから妥協策に手を打てと、そればかりです。それなのに、農村の大人たちは日本の農業をここまで追い込んでしまった人たちに、やはり投票しているわけですね。

みなさんはそういう愚かなことをくり返さないで、自分の大事な一生を自分がやりたいことで貫き通せるような、そういう世の中にしていただきたい。

これはないものねだりか、無責任なおねだりか知りませんけど、そのために、われわれ年をとった人間もみなさんといっしょに仕事をしていけると、そんなふうに考えています。

時間になりました。たくさんお話ししたいことがあります。今日は農業からわざとはなれましたが、すばらしい人間もいる。くだらない人間もいる。でも、どうせ一生を終えるならすてきな人間になって、自分のやったことがひとから感謝される、あのひとがいるおかげでわたしは生きている甲斐があった、というようなお一人お一人になられることを願っていますし、百年じっさいは百六年くらいですね、長い伝統の置賜農業の卒業生、あるいは在校生として「あのひとはやっぱり違うね」という、毅然とした人間になられることを希望します。

熱心に聴いていただいてありがとうございました。素直な生徒さんたちに感謝します。ご清聴ありがとうございました。

中村哲『ほんとうのアフガニスタン』二〇〇二年三月一日　光文社

◇二〇〇一年十一月十七日、山形県立置賜農業高校「百周年記念講演」に加筆したもの。
この年の九月十一日、旅客機四機がハイジャックされ、そのうち二機がニューヨーク世界貿易センタービルに突入する、いわゆる「米国同時多発テロ」が発生。これを受けて小泉純一郎内閣は米軍による「テロ報復」支援のための自衛隊派遣を決定、十月、米国によるアフガニスタン空爆開始、日本ではテロ関連三法成立、十一月九日海上自衛隊がインド洋へ向け出港。

これに対し、同年十一月二十日には東京で「憲法再生フォーラム発足講演会」が行われた。その記録は岩波ブックレット『暴力の連鎖を超えて――同時テロ、報復戦争、そして私たち』として二〇〇二年二月に刊行され、井上ひさし『アメリカの「正義」とは』ほかを収録。井上はこの時期、ほかにも、この状況に対する米国批判・小泉政権批判の講演・発言をたびたび行っている。

あんな時代に戻りたいのか

六〇年前、昭和二〇(一九四五)年の日本人の平均寿命をご存知でしょうか。男性は二三・七歳です。女性が三二・三歳。つまり昭和二〇年は、日本男子は平均して二四歳まで生きられなかったのです。なぜそんなに極端に平均寿命が下がったかといいますと、戦地でたくさん亡くなる方があり、それから内地も戦地以上の戦地になっていたからです。三月の東京大空襲では一晩で一〇万人が亡くなられた。それから、広島では一日で九万人、その年のうちに一四万人。長崎でも、その日のうちに七万人、その年のうちに一二万人が、亡くなられました。それから、お母さんたちが栄養不足のまま赤ちゃんが生まれ、お乳がちゃんと出なかったり、病気になっても薬がなかったりで、赤ちゃんも次々に死んでいく。そういう年でした。戦争はすでに先が見えていたのだけれど、指導者たちが国体護持(明治憲法第一条)にこだわって戦争を延ばしている間に大変な数の人が亡くなって、そして平均寿命を下げた。そういう時代でした。

先ほども触れましたが、たとえば八月六日の広島を考えてみましょう。亡くなった方はその年だけで一四万といいましたが、広島の被爆者は一四万人、同じ数です。その被爆者の方たちが大変な量の手記を残してくださっています。一説では二万五〇〇〇点の手記が広島市立中央図書館に保存されているそうです。私も、その氷山の一角ですが、読ませていただきました。

その中に、たとえばこんな手記がありました。これは若いお嬢さんですけれども、自分も被爆して逃げる途中に後ろから声がかかった。振り向くと、家が燃えている。その二階で若いお母さんが赤ん坊を抱いて、「赤ん坊を受け取ってください。私は助からないけれど、この子を助けたいので、あなた受け取って」と叫んでいる。被爆して逃げていた若い娘さんが、一瞬戸惑う。受け止められるだろうか。自分は怪我をしているし、自信がない。けれど近くに交番があって、そこにおまわりさん、それから兵隊さんも時々そこに常駐――「時々常駐」というのは変ですが――している。そこで、「いま、おまわりさんか兵隊さんを呼んできます」と言ってその場を離れ、実は二度と戻れなかった。

この方は今日まで六〇年間、そのことだけを考えて生きていらっしゃるんですね。あの時、自分はあの赤ちゃんを助けられたのではないか、自分はあの場から逃げたのではないか、と。私たちから見ると、その方にしても大変な被爆をなさっているわけですから、助けられたはずがない。ですが、あのとき、助けられたかもしれないのに助けられなかった、という思いをずっと抱えながら、六〇年間生きていらっしゃる方がおいでになるわけです。そしてそういう事件が無数に起きていた。でも、ある人たちは、その時代が正しい、その時代から愛国心が出てくるという。出てくるわけがないと思うのですが、そういうふうに主張する人が大勢ふえてきました。

二つ三つ実例を申し上げますと、昭和二二（一九四七）年七月二六日、兼石續（かねいしつづく）さんという方が中国でBC級の裁判を受けて死刑になりました。この方は山口県出身で、海軍の横須賀通信学校の高等科を卒業した海軍大尉で、当時四一歳の方でした。この方の遺言を紹介します。

「東亜の和平、中日親善について将来必ず一致するを信じて、従容として死に就く」。

「私は中華民国広東省広州市第一監獄北高地に於いて散ってゆく。家族は、時期がくれば、ここに来て手向けを乞う」。この方がどういう罪に問われたのか、私はいま調べている最中ですが、この海軍大尉は、自分は裁判で死んでいくのだけれども、やがて中国と日本が仲良く手を携えていく日が来るだろう。それで遺族に対して、祈るならいつかここへ来てほしい。ここで祈ってほしい、といっているわけですね。ですから、この方は靖国神社へは行っていない。

藤原彰さんの『餓死した英霊たち』(青木書店、二〇〇一年)の中に、第二次世界大戦での軍人・軍属の死者二三〇万のうち、約六割のおよそ一四〇万人が餓死であった、との記述があります。つまり日本の兵隊さんも実は六割までが、戦わずして、食べ物がなくて死んでいったのだ、と。

こういう時代を正しいという人がいます。こういう時代に戻そうという人がいるのです。こういう時代が素晴らしい、これこそが日本なのだという方がいる。

もう一つ、フィリピンのレイテ島で父親を亡くされた方のお話です。日蓮宗の住職をされている高木慈興さん(岐阜市)のお父さんは、レイテの八・三万人の部隊のうち亡くなった七・九万人のうちのお一人だそうです。この方は、なぜ父たちに捕虜になることを教えてくれなかったのか、と話しておられる。捕虜になってもいい。あなたは十分に戦ったんだ、力が尽きたら捕虜になっていい、降伏してもいいのだ、という約束事――ジュネーブ捕虜協定などの国際法――をどうして日本軍は教えてくれなかったのか、餓死した人たちは、みんな捕虜になってはいけないと言うので死んでいったのだ、と。

　これを極端にふくらませますと、日本軍は全員アメリカの捕虜になればよかったんですね。そうすると大変でしょう。食わせなければいけない(笑)。でも日本軍は教えなかったんです。当時の陸軍大臣東條英機が、「生きて虜囚の辱を受けず」と戦陣訓に言っています。つまり、生きて捕虜になることは日本男児として非常に恥ずかしい、だから捕虜になってはいけない、と教えた結果、捕虜にならずに餓死していった人たちがいかに多かったか、ということです。この時代が正しい、この時代がよかったという人が、増えている。というより、ずっと生き延び、いま息を吹き返して、すごい勢いで、「この時代が正しい」「この時代こそ日本なんだ」といっている。

　私は、「平和を守ろう」「憲法を守ろう」と言うときに何か言葉が空転するような気がして仕方がありません。そこで、「平和」という言葉を「日常」に言い換えたらどうかと考えています。さきほど、大江さんが「自分は小説家であるから」とおっしゃいましたが、芝居を書いている立場で言いますと、芝居の中で「平和」という言葉を使うと、実はその瞬間、観客はそれを聞き飛ばしてしまうのですね。あまりにも使われすぎて、言葉としての力を失ってしまっているのです。そこで、いろいろな言い換えをしなければいけないのですが、私はこれを「日常」に言い換えています。つまり「平和を守る」「憲法を守る」というのは、「私たちのいま続いている日常を守ることだ」と言い直すようにしています。

友達と会う。会ってビールを飲む。家族と旅行へ出かける。いろいろお喋りして楽しく過ごす。勉強する。すべてこれ日常ですが、これができなくなる。そういうことを防ぐために、私たちは自分たちの日常生活を守るために頑張っていく。その日常の先に子どもたちや孫たちがいて、その人たちが次の時代を受け取っていくのだ、と考えています。

自分の目に入る範囲でいろいろな世界の動きを見ておりますと、国家権力をますます強くして、主導権争いをしている、そういうレベルの層もあります。それから、多国籍企業といいますか、お金が国境を超えてどんどん広がっていって、世界をたった一つのマーケットにする、そういう動きももちろんあります。ただ、私たち普通の人間の心の中に、自分の運命を国家や企業に決められてはかなわないという意識が、やはり生まれてきているということも確かです。その例を二つ申し上げて、私の話を終わります。

一つは、広島市長の秋葉忠利(あきばただとし)さんからうかがった話です。

アメリカには人口三万以上の都市が一二〇〇ばかりあって、その市長さんたちが全米市長会議というのをつくっている。そこの事務局が昨年(二〇〇四年)の一月に、その一二〇〇人ほどの市長さんに「核兵器についての考え方として、あなたは、この四つのうちのどれを選びますか」という四択のアンケートを出しました。一番が「核兵器はアメリカだけが持つ」。二番は「核兵器はアメリカと、そのお友達の国が持つ」。三番は「核兵器については現状でいくしか仕方がない」。四番目は「アメリカといえども核兵器を持ってはいけない」。返ってきたアンケートを見て事務局の方々がびっくりしたことに、そのうちの六八％、つまりほぼ三分の二の市長さんが四番目にマルをつけている。

ですから、魯迅の名言の一つに、「日本人は悪い、と言ってはいけない。日本人の中に、ひどいのもいるけれども、素晴らしい人もいる。中国人をいい、と言ってはいけない。中国人の中にもひどい人間もいるし、素晴らしい人もいる。だから、「日本は」とか「中国は」と言ってはいけない」というのがありますが、たしかに一口に「アメリカは」と言ってはいけない。この全米市長会議は、ブッシュ大統領に早く核廃絶のための交渉を再開するよう決議書を出しました。ブッシュさんは英語があまり読めないので(笑)、まだ読んでいないらしいです。

それから、全米市長会議は今年、またアンケートを行いまして、「アメリカは京都議定書にもう一度戻ったほうがいいか、戻らないで、このままのほうがいいか」を市長に尋ねました。たしか九八％の市長さんが、アメリカは京都議定書にもう一度入るべきであると回答しました。全米市長会議はまた、やはりブッシュさんに対して、「アメリカ政府は京都議定書にもう一度入り直すように」と決議書を出しました。

最後にもう一つは、日本の国会も昨年(二〇〇四年)二月二八日に批准しました——これはずいぶん時間がかかって批准したわけですが——「ジュネーブ諸条約第一追加議定書」という長い名前の国際条約のことです。そこで無防備地域というのが認められました。日本の国会も批准しましたから、これはある意味では、私たちの権利でもあるわけです。無防備地域とは何か。これは、次にあげる三つの条件がそろえば無防備地域を宣言ができ、そうすると、そこを攻撃すると国際犯罪となり、国際法違反になるのです。三つの条件とは、その地域に固定した軍事施設がない。それから、職業的な兵士がいない。それから戦争を望んでいない。この三つの条件が揃うと、無防備地域であるという宣言を世界中にできるわけです。そして、それを宣言しているところを攻めてはいけない。日本では二〇カ所くらいの地域が、その運動をやっています。

第二次世界大戦中のパリやローマなどの無防備都市、あれは大変な効果をあげたのです。文化遺産がたくさんある街なので、我々は戦争をしません、ナチスドイツが入ってきても、どうぞ入ってください、と宣言しました。ナチスドイツはむなしく靴音高く、ただ入場してくるだけだった。もちろん、裏ではレジスタンスをやるわけですけれども。その効果と、何より日本国憲法の効果が大きいのです。つまり、戦争を放棄する、戦争はしないと言っている国がいま現実に国際社会の中にあるのだから、そういう国を守ろうではないか、という発想です。ここでちょっと強引に我田引水をすれば、パリやローマの第二次世界大戦中の経験、そしてその効果、それから日本国憲法の前文および九条、それらをひっくるめて、無防備地域という考え方が生まれた。そして国際条約になって、日本も批准した、というわけです。

つまり、実は暗いことばかりではないんですね。世界には、企業や国に自分たちの運命を決められては困るという人たちがたくさんいて、そういう人たちの声がゆっくりと、小さな支流がだんだん集まって一つの大きな川になるように広がっています。なぜなら、今は地球そのものの問題がありますね。人間が、そんな勝手をやって、この地球で生きていけるのか、という問題もだんだん差し迫ってくる。そうすると、大江さんがおっしゃるように、一〇年後、素晴らしいほうへ思いがけない方法で変わっている可能性がある。

しかしそうなるためには、今日も、明日も、私たちがそうなりたいと一所懸命祈りながら実行し、そのことによって実現していくしかない。それを休むと、それはいつまで経っても一〇年先で、ずーっと一〇年先にニンジンがぶら下がって、それを見ながら生きていく、ということになりかねません。しかし、私たちが今日、明日、明後日と、「国の言う通りにはなりませんよ。私たちは私たちです」「会社の言う通りにはなりませんよ。おれの運命はおれが決めるんだ」と頑張っていけば、ひょっとしたらそういう世界的な大きな動きが一つになって、何か奇跡が起こるかもしれません。そういう奇跡に私も賭けます。ありがとうございました。

岩波ブックレット664　井上ひさし、梅原猛、大江健三郎、奥平康弘、小田実、加藤周一、澤地久枝、鶴見俊輔、三木睦子『憲法九条、未来をひらく』二〇〇五年十一月八日　岩波書店

◇井上ひさしは、二〇〇四年三月、世界平和アピール七人委員会に加わる。これは一九五五年来(湯川秀樹、平塚らいてうなどが発足メンバー)、日本の代表的知識人七名により、軍縮と平和を求める数々の提言を行ってきた団体である。

二〇〇三年三月、米・英国のイラク攻撃が始まる。小泉内閣はそれを全面支持、自衛隊を派遣する。二〇〇四年四月、邦人三名がイラクで人質となる(十月にはそもそもの攻撃理由だった「イラクの大量破壊兵器計画」はなかった、との米政府調査団最終報告に至るのだが)。井上ひさしはこれらの事態に対し、いわゆる「自己責任」に対する批判などを含めて、たびたび発言する。

二〇〇四年六月十日、このブックレットの著者九氏がよびかけ人となり、アピールを公表して「九条の会」が発足した。本文はその二年目を記念する講演会記録である。

一方、この催しの翌々日の二〇〇五年八月一日に、自民党は憲法改正草案原案を発表した。

に引用する。

関連して、『憲法を考える本』(一九九七年　光文社文庫)第三章冒頭の井上ひさしの文章をここに引用する。

「『日本国憲法を護れ』というお題目を唱えているだけでは仕方がない。
いわゆる改憲派の人たちは、そう言って護憲派を批判します。わたし個人としては、お題目を唱えるだけでも立派な行為だと信じているのですが、それだけではだめだというのであれば、どうすればいいか。
身の回りを眺め回すことが第一の大切。非憲法的状態があれば、そのことに敏感に反応することが第二の大切。そして自分の反応を正直に声や行動であらわすことが最後の大切。」

絶対平和とはなにか

良心的軍事拒否国家

小田実さんはご自分を「絶対平和主義者」と規定していました。いかなる戦争も認めない、正義の戦争はありえない、という一貫した立場で、ずっと活動しておられた。そのいつも私を引っぱってくれていた小田さんが亡くなられて途方にくれています。しかし、小田さんが遺(のこ)された著作をよく読むことで、志を継いでいきたいと考えています。

さっそく、小田さんの著作をみながら、一緒に考えていきましょう。「良心的軍事拒否国家をめざせ」という新聞記事(朝日新聞、二〇〇〇年六月一八日)です。

「平和主義は、ただの平和愛好でも「護憲」でもない。「戦争に正義はない」とし、問題、紛争の解決を武力を用いず、「非暴力」に徹して行おうとする理念と実践が平和主義だ」。

その提起を、具体的にドイツを例にして解説しています。徴兵制のあるドイツでは、成年に達すると兵役に就くことになっています。しかし、兵役を拒否する権利は認められていて、兵役に就くか、あるいは拒否するかは、一人ひとりが決めることができます。兵役に就く場合は軍事訓練を受けますが、兵役拒否者はその代わりに、老人介護や病院の雑役などの市民的奉仕活動をするのです。小田さんは、この規則が個人に認められる権利としてだけではなく、国家にあってもいいのではないか、と言っているのです。

その「良心的兵役拒否者」ならぬ「良心的軍事拒否国家」は、個人に許された良心的兵役拒否を国家にも当てはめ、日本はそうやって軍事を拒否する国家として国際社会のなかで生きていくべきだ、という考え方です。日本には憲法があるのだから、その憲法を国際関係にも生かしていこう、と。これは、攻めの姿勢だと思います。

よく「憲法を守れ」と言いますが、たとえばサッカーを考えてみてください。サッカーの試合では、ディフェンス(守備)だけをどんなにしっかりやっても勝てません。よくて引き分け、うっかりすると、カウンターアタックに遭い、一対〇で負けてしまったりする。

つまり、私たちも、「平和を守れ」、「憲法を守れ」と言っているだけでは、よくて引き分けなのです。下手をすると、押し込まれてしまう。それではいけません。前に進むには、新しい発想が必要です。たとえば、ここで提起された良心的軍事拒否国家をめざすのも、その一つです。これに対して、夢物語だとか、ユートピア的発想だとか、すぐに否定する人たちがいますけれど、けっして現実離れした話ではありません。

「世界大戦」に参戦しなかった国

第二次世界大戦の時代、世界中の国が戦争をしていたような印象がありますが、じつは六カ国(アフガニスタン、アイルランド、ポルトガル、スペイン、スウェーデン、スイス)が中立を宣言して参戦していません。当時の国際連盟加盟国は、約七〇カ国。その国際連盟から、まず日本が、そして日本に引きずられてドイツ、イタリアが脱退します。残った国が連合国で、脱退した日本・ドイツ・イタリアの三国が枢軸国の中心だというのは、ご存知のとおりです。その際に、どちらにも属さずに、戦争を拒否した国家が六カ国あったのです。

スペインはちょうど内戦(一九三六〜三九年)が終わった時期で、まだ体制が整っていないというので戦争に加わりませんでした。さらに、スウェーデンも、戦争は止めたいが、どうしてもやるというなら仕方ない、やってください、しかし参加はしません、という態度です。このスウェーデンの場合、議会の決議として、戦争への不参加を決めていきます。しかし、その代わりに、戦争によって生じるさまざまな問題の解決を引き受けることを明言し、船の提供を行いました。当時、日本には外国人がたくさんおり、また諸外国にも多くの日本人が暮らしていました。その国同士が対戦国となったとき、そのいわば「人質」である人びとを交換する船を用意し、中立国を経由してお互いの国へと送り返す、ということを、スウェーデンは一生懸命やったのです。身近なところでいうと、きょう、ご一緒している鶴見俊輔先生は、確かアメリカからの第一回の人質交換船で日本に帰ってこられたはずです。ですから、もしスウェーデンの働きがなければ、ひょっとしたらずっとアメリカに居ついていたかもしれません。そうすると、私たちはきょう、鶴見先生のお話を聞けなかったでしょう(笑)。

一方、スペインは、戦争の結果必ず発生する捕虜収容所や強制収容所などの待遇監視を請け負っています。

アメリカのカリフォルニアのあたりには当時、約一二万人もの日系人がいました。一九四一年一二月八日、真珠湾攻撃によって日米が開戦します。翌四二年二月一九日、ルーズベルト大統領はその日系移民を全員強制的に収容所に入れようと決断しました。

当時、日系移民は、非常な苦労を重ねてアメリカ社会になんとか入り込んでいました。皿洗いやモノ運びからはじめ、耕すことも難しい荒地を開墾して、なんとか社会に溶け込もうとしていたのです。しかし、どんなに苦労をして溶け込んでいても、国同士が戦争になると、「敵性外国人」です。その敵性外国人である日系人一二万人を、一〇カ所の巨大な収容所に囲い込んでしまったのです。

スペインは、枢軸国、連合国を問わず、捕虜収容所や強制収容所における捕虜や人質の待遇を調べて回るという役目を担いました。日本にも捕虜収容所がたくさんありましたが、日本は、このようなスペインの査察を拒否しました。しかし、アメリカは拒否しませんでした。ですから、サンフランシスコにあったスペイン総領事館が、絶えずすべての日系人収容所を、国際条約に違反した扱いをしていないか、ずっと見て回っていたのです。

マンザナ収容所という一万人規模の大きな収容所を調べたことがあります。ここでいちばん困ったのは、何かといいますと、「納豆」だったのです。納豆菌がないので納豆が作れない。財産を全部没収されたうえに、手荷物を二つ持って移動させられ、収容されてしまいましたから、とても納豆菌を持ち出すような余裕はなかったのです。そして、その収容所に、終戦までずっといなければならなかった。

さて、納豆が作れない。そこでどうしたか。実は、巡回にくるスペイン総領事館員に、納豆菌を頼んだのです。日本から中立国のスイスへ、そしてスペインへと納豆菌が運ばれ、そこからサンフランシスコに運んで総領事館員が収容所に届ける。三カ月ほどかかったようですが、そういう史実があります。

「お助け国家」日本になる

小田さんは、いま例にあげたような中立国を目指してはどうか、と言っておられたのです。せっかくすごい憲法があるわけですから、使わない手はない。私も、同様に、憲法の精神に基づいて、とにかく人を助けることに特化して、日本という国をつくっていったらと考えます。

たとえば、小説『吉里吉里人』(新潮社)でも少しふれましたが、医学先進国家になったらどうだろう。人間の病気を助けるための、医学の第一先進国になったら、どうなるでしょうか。日本の文献や研究を読まないと新しい治療ができないとなったら、世界中の病院のカルテはすべて日本語になります(笑)。とにかく日本にくれば、どんな病気になっても世界最高の医療がうけられる、となると、日本は世界的にとても重要な国になりませんか?　また、日本列島いたるところに散在する温泉でゆっくりと療養してもらえるようにし、大勢いる日本美人に看護師さんになってもらう(笑)。優秀な人がどんどん医者になり、レベルも向上する。

どんなえらい人だって、権力者だってお金持ちだって、病気はします。ブッシュ大統領だってプーチン大統領だって年もとるし病気もするでしょう。そうすると、たとえば、日本の病院にかかってダメだったらあきらめるけど、自分の国の医学では心残りだ、となればプーチンだってブッシュだって日本にくる。これは自然に人質になりますね(笑)。ビル・ゲイツだってアラブのオイルダラーだって同じです。日本語は広まる、人助けにはなる、人質はとれる(笑)。

小田さんの考えを私なりに解釈していくと、そうやって人を助けていく、人の苦しみを除いていく。日本がそれに特化してやっていくと、これは、日本を攻めようがないわけです。世界中の人が、日本はありがたい、あそこはすごいことを考えて、自分たちのために何かをやろうとしている国だ、と考えてくれるようになったら……。そういう発想が、その朝日新聞に掲載された短い論文に詰まっているのです。

「公」をみる目

もう一つ、小田さんがこだわっていたことに、「公私の区別」という問題があります。私的な状況と公(おおやけ)の状況を区別することです。「公」とは、言葉だけ取り上げると、非常によいものであるように感じますが、その「公」が何を指すか、しっかり見極めないといけないと思うのです。たとえば、私たちは選挙で私たちの代表である代議士を選びます。選ばれた代議士は、ほんとうは地元のことを考えて行動してはいけない。「公共の福祉」のために行動しなくてはいけないはずですね。しかし、現実にはそうはなっていません。

私は、政府は大きく三つに分かれるべきだと思っています。国際政府と中央政府と地方政府の三つです。住民の日常生活にかかわることは、地方政府がしっかりやって、国際政府は外交を専門にやる。中央政府は、地方政府同士の、つまり都道府県間のいろいろな調整をする。そして公務員はプロの事務方、調整のプロとして、利害の調整だけをする。住民のことはまず住民が考える。その住民が考えたことを、どう実現させるか、あるいは、「それは無理ですよ」「こうこうこうで無理ですよ」ということだけを役人がする。

……このような話も、確か小田さんの著作のどこかに書かれています。とにかく膨大な作品ですから、確か小田さんの作品だったとわかっていながら、確かめるのに三日かかることもある(笑)。

国のことを、私たちはふだんあまり考えていません。そういう状態では、政治はけっしてよくはならないですね。税金を払えばいい、それもできるだけ少なく、とだけ考えていたり、選挙のときだけ考えたり、ということではいけないのだと思います。

キャッチフレーズの怖さ

公の傾向として、必ず適当な標語を作り出すことを指摘しなければなりません。小田さんによれば、公というものは、税金をかき集めて、自分たちの都合のいいように使いたがるものです。あるいは、自分の望む方向へ世論をひっぱっていきたい、と考えるものです。そのために、言い訳としての物語とそれにふさわしいキャッチフレーズをつくるのです。

一八九四(明治二七)年七月から一〇カ月間、日清戦争がありました。あのとき、どのように状況が進んでいったかといいますと、日本が朝鮮の国内事情に干渉し、どんどん口を出していったのです。それに対して、そのころ朝鮮半島の「宗主国」であった清国が、それは内政干渉だと言って、対立していった。

そのとき、当時の日本のマスコミが、くちぐちに言っていた言葉があります。こういう言葉が、結果としてほんとうの事情をごまかしてしまう機能を持つわけです。いわく、「開化した日本が因循姑息(いんじゅんこそく)な清国に喝(かつ)を入れる」、「文明節度の国日本が、腐敗怯懦(きょうだ)の国清国に喝を入れる」。つまり、もっと端的に表現すると、このとき考えられた標語は、「これは文明と野蛮との戦争だ」というものだったのです。そして私たちは、すぐそれに乗ってしまった。最近もありましたね。「構造改革なくして景気の回復なし」。みなさんもまだ覚えておられるでしょう。騙(だま)されてはいけません(笑)。

一部の人たちがやりたいことをやるために、「臥薪嘗胆(がしんしょうたん)」とかストーリーをつくって信じこませ、そのストーリーを抽出した標語をつくって、その標語のとおりにすれば国がよくなると宣伝しながら、その果実を誰かが占有してしまうという構造が、ずっと、はるか古代ギリシャ・ローマの時代から続いているのです。そのストーリーに騙されてはいけない、その標語に騙されてはいけない、と小田さんは教えてくれました。困ったことに、その標語、そのレッテルは、いつも、とても美しく聞こえるのです。その美しさが本当のものであるのかどうか、つねに警戒しなければなりません。

きょうお話ししたことの半分くらいは、小田さんの著作に書かれているものです。小田さんはアイデアの宝庫のような人でした。ですから、いつも著作をひもとけばいいのです。小田さんの本を読み、アイデアを受け継ぐかぎり、小田さんは亡くなっていないのだと私は思います。

岩波ブックレット731　井上ひさし、梅原猛、大江健三郎、奥平康弘、加藤周一、澤地久枝、鶴見俊輔、三木睦子、玄順恵『憲法九条、あしたを変える——小田実の志を受けつい で』二〇〇八年七月八日　岩波書店

◇「九条の会」よびかけ人の一人であった小田実が二〇〇七年七月三十日に亡くなる。その追悼の集会が二〇〇八年三月八日、東京で開かれた。そこでの講演をもとにしたもの。

『憲法を考える本』(一九九七年　光文社文庫)第二章冒頭に井上ひさしはこう書いた。


「小田実さんに「正義の戦争はありえない」という理論があって、その要旨はこうです。

ここに正義国と邪悪国とがある。いま、邪悪国が正義国に対して、邪悪きわまりない武器を使って戦争を仕掛けてきた。正義国は、この戦さにはどうしても勝たねばならない。でないと、世界は邪悪一色になってしまう。しかし正義国は勝つために邪悪国が使っているものよりもっと邪悪な武器を使わざるをえない。……こうして正義国は、邪悪国よりもさらに邪悪な国に堕ちてしまう。

日本国憲法は平和主義を採用していますが、そのことを右の小田理論とあわせて頭のどこかの隅にとどめながら、」(以下略)。

自分にとって大切な友を、けっして裏切ってはならない

学童疎開の後藤くん

私は昭和九(一九三四)年の生まれです。ちょうど一〇歳になる年、昭和一九(一九四四)年に私たちの町——山形県南部の山の中の小さな町——に、学童疎開で東京から児童がたくさんやってきました。墨田区の小学校——当時は国民学校と言っていました——の

四〜六年生たちです。

この学童疎開については、多くの方が、回想したり記録したりしています。内容は、私が読んだなかでは「地元の子どもたちにいじめられた」という声が非常に多かった。そういう、地元の子どもが、都会から来た子どもたちをいじめた、という話はけっこうあるのですが、私たちの町では、受け入れ方がちょっと変わっていました。東京から一五〇人ぐらいの子どもが疎開してきたんですが、その一人ひとりに町の一軒一軒が仮の親になる、というふうにしていました。たとえば、土曜日の晩には、その子はみんなと過ごしている合宿所から、その決められた仮の親の家に行って、そこの家族と一緒に夕ごはんを食べるのです。もっとも、当時のことですから、ごはんといっても、そうたいしたおかずが出てくるわけじゃありませんけれども。ただ、そうやって一人ずつにちゃんと仮の親をつくって後ろ盾にする、そういう引き受け方をしていました。

東京の子どもたちは、当時、田舎の子どもには手の届かなかった多くのものを持っていました。とくに、本。たとえば海野十三(うんのじゅうざ)の『浮かぶ飛行島』や江戸川乱歩の『少年探偵団』シリーズなどです。中には私たち地元の子どもが持っているものも、もちろんありましたが、そういう羨ましい本をたくさん持って疎開してきていたのです。ですから、その本を見せてほしいとなると、彼らの気に入ることをやらないといけませんね(笑)。だから、地元の子と都会から疎開に来た子は、文化的に非対称だったのです。非対称ですから、おにぎりを渡したり、家に呼んだり、さまざまな手を使いながら、いろんなことを教わりました。

そういう疎開の子どもたちのなかに、すごい美少女がいました。この少女は、集団疎開ではなくて縁故疎開といって、親戚を頼っての疎開でした。そのとんでもない美少女が、私の家の隣に疎開してきたのです。当時、私は国民学校の五年生でした。彼女は三年生くらいだった。で、とびきりの美少女ですから、彼女を守らないといけないという結社が町の子どもにできました。彼女が何をするにも、ついてまわる(笑)。ただ川に泳ぎに行くのにも、その五〇メートルぐらいあとを、町の少年たちが三〇人くらいずっと追いかけて移動している。その美少女がのちの白川由美さんでした。

そういう学童疎開の少年少女たちのなかに、私の家が仮親を引き受けた一つ年上の少年がいました。後藤くんといいました。後藤くんは、とてもたくさんの本を持っていました。彼の家は、墨田区の小さな鉄工所で、それが当時は軍需工場になっていました。後藤くんは、空襲で、ご両親を亡くしていました。それで、私の親も「ずっとうちにいなさい」と言っていたようです。

後藤くんは、昭和二〇(一九四五)年三月はじめに、国民学校の卒業のために、先生と一緒にいったん東京(墨田区)へ帰りました。そして、二度と帰って来ませんでした。昭和二〇年三月。おわかりかと思いますが、東京大空襲です。ご両親を空襲で失い、そして彼自身もおそらく、亡くなられたのでしょう。たいへん優れた人で、本当に本をたくさん読んでいて、絵も上手で、「わぁ、都会の子どもはすごいな」と、そう実感させてくれた一歳年上の人が、そうやって空襲で死んでいく。当時の私には、大変なショックでした。

加藤さんの原体験

さて、加藤周一さんのお書きになったものは、すべて大変な知恵がそのなかに埋蔵されております。ワインでたとえてみると、私はワインが全然わかりません。ですから、ワインを見分けると言っても、赤と白とロゼの三種類しか見分けることができない。けれども、ワインの目利きであるソムリエは、ワインが一〇〇あったら一〇〇通り、一〇〇〇あったら一〇〇〇通り、その中身を見分けることができるわけです。「わぁ、都会の子はすごいな」と子ども心に思ったように、大人の私は、加藤さんの本を、私が読んでいるから二つ、三つしかわからないけれども、読む人が読めば一〇〇も一〇〇〇も万も、たくさんの知恵が埋まっているんだな、と思っています。

冒頭でお話ししたように、私は少年時代に、一歳年上の友だちを戦争で失いました。少年ですから、切ないけれども甘い記憶としてずっと心に持ったままでいました。加藤さんの『私にとっての二〇世紀』(岩波現代文庫)の中に、こういう文章があります。

私が徴兵を受けなかったのは、肋膜炎のお陰もあるのですけれど、医者だったからでしょう。若手の医者はどうしても病院に必要でした。

学校の同級生や友人はかなり大勢死んでいる。自分はやっと生き延びたけれど、別に理由があって生き延びたわけではなくて偶然です。なんの理由もなく、私の友人は戦争のために死んでしまった。

私の友達を殺す理由、殺しを正当化するような理由をそう簡単に見つけることはできない。

加藤さんはお医者さんで、ちょうど徴兵検査の前後に肋膜炎にかかって戦争には行かなかったけれども、彼の同級生たちは大勢戦争に行って亡くなっていった。その自分の友だちを殺した理由を正当化するような戦争の理由を、加藤さんはまったく見つけることができない、と言うのですね。

だから、戦争反対ということになるのです。

この加藤さんの「戦争反対」は、ただの反対ではありません。「自分の友だちを殺していい理由をみつけられないから」だというのです。加藤さんが、東京大学附属病院で助手をしていた頃、人生でもっとも多感な時期に、かたや病院で一生懸命働いて人の命を救うために努力し、かたや戦争に行ってどんどん人が亡くなる、という経験をしている。ですから加藤さんとしては、彼が決して言わなかったことであろうことを言ったり、彼が黙っていなかったろうことを沈黙したりということはしたくないという気持ちが、私の中にはある。たとえば、戦争を肯定することはその一つです。

つまり、亡くなった友人が、もしも生きていたら絶対言わなかったようなことを加藤さんが言ってしまったり、逆に、彼だったら絶対に沈黙していなかったようなことを加藤さんが沈黙したり、といったことはしたくない、できない、と言う。つまり、戦争で死んだ彼らが戦争を肯定しないのであれば、生き残った自分が、生き延びた自分が、けっして肯定してはならない、と言うのです。

もし、私がそういうことをしゃべれば、それは友達に対する一種の裏切りのような気がするのです。

友を裏切ることはできない——だからこそ、自分は戦争に反対しつづける、と言うのです。

国は人を裏切る

加藤さんは、続けてこう述べます。

国家への忠誠？　しかし国家が主張する善し悪しは、一〇年もすれば、逆転します。十五年戦争は「聖戦」から「侵略」に変わった。

確かに、みなさんも、ちょっといろんなことを思い出してみてください。確かに、物事の評価は一〇年、一五年でひっくり返ってしまいます。

たとえば、ここでは加藤さんは、「十五年戦争」をあげています。「十五年戦争」の評価は、なるほど、十数年ですっかり変わってしまった。日本は、敗戦の一七年前には、国際連盟の常任理事国で、パリ不戦条約(一九二八年)を幹事役としてまとめています。そういう時代があったにもかかわらず、その後、一九三三年には国際連盟脱退を表明します。国際連盟の主たる一員として活動し、十五年戦争を聖戦として行動し、敗戦があって、その後はその聖戦が侵略であった、と変わる。その間、二〇年もありません。確かに「国家の主張する善し悪し」は「逆転」するのです。

それから、加藤さんは続けています。

「倹約」の美徳は、「消費」の勧めに変わる。

私たちの体験で言いますと、一〇年も経っていませんよね。たった五〜六年前に「一〇〇年安心の年金計画」(二〇〇四年)という言葉が取り上げられていましたね。それで、なるほど、年金は一〇〇年大丈夫なのだなあ、と思っているうちに、もういま年金崩壊という話でしょう。国家の主張はまさに逆転しています。それから、これも五〜六年前に「働き方の多様化」という主張がありましたね。これからいろいろな働き方を選択できるようになりますよ、と。しかし、それから五〜六年が経って、いま、派遣切りや雇い止めという大変ひどい状態になっています。要するに国家が主張する善し悪しのさまざまは、一〇年もすればかくも逆転してしまう。

これが、加藤さんのたくさんの知恵の言葉の中の一つです。こんなにも国家は変わってしまうわけですから、加藤さんは、国家にあわせて自分が変わる、国家にあわせて自分を変える、というのはとうてい無理だ、と考えるわけです。

それに合わせて、当方も変わらないかぎり、国家とはつきあえないでしょう。これは友人関係と全くちがう話です。

私の善し悪しの判断の一つは、裏切りということです。友達を裏切ることはしたくない。

本当の、真の友人関係というのは、一生変わらないものですね。喧嘩したり、ちょっと離れたりしながら、やはり懐かしくて会ってみたり、それでお互いの長い間の記憶を出しあって話をする。すごく楽しいし、勉強にもなる。それが人生の幸福でもありますよね。古い友達とおいしいものを食べながら、昔の話をしたり、現状報告をしたり、これからのことをちょっと話しあったり。そういう関係、本当の友達関係というのは変わらない。しかし、政府の言っていることは一〇年単位で、さらには数年の単位でさえコロコロ、コロコロと変わっていく。そんなに変わることに、こちらが合わせることはないでしょう、できないでしょう、と加藤さんは言う。もし無理して合わせるとしたら、大変な変わり方をしないといけないわけですね。昔、舐めるたびに色が変わる飴玉がありましたが、あれよりもっと機敏に変わらないと、とうてい政府の言っていることに合わせることはできない。そんなことは、愚である、やめましょう、と。

僕自身、幼い頃にそうやって友達を失いましたが、おそらく生き延びた者よりも、いろいろなことがよくできた人たちが、みんな戦争で、誰かの号令によって、誰かの道具になって死んでいきました。そういう人たちが絶対言わないことは自分も言わないし、彼らがこれは黙っていないだろうということは黙っていない。本当の友人関係は裏切らないし、裏切れない。しかし、政府はコロコロ変わってしまう。だったら、どっちにつけばいいかというのは、自明の理ですね。

加藤さんにとっては、同級生や本当の親友たちが亡くなっています。その友人たちを裏切ることはしたくないというのは、私はこれに自分のささやかな少年時代の記憶を重ねて、全くその通りだと思います。

牽強付会（けんきょうふかい）ですけれども、この「友達」の一人が、実は日本の憲法だというふうに、僕は思っています。特に九条、二五条というのは親友中の親友ですから、彼らを裏切ることはできない。それが、私が考えた加藤周一さんの志を継ぐ、ということです。自分にとって大切なものは裏切ってはならない——私が加藤さんの本から学んだ大きな教訓です。

岩波ブックレット771　井上ひさし、梅原猛、大江健三郎、奥平康弘、澤地久枝、鶴見俊輔、成田龍一、矢島翠『加藤周一のこころを継ぐために』二〇〇九年十二月四日　岩波書店

◇二〇〇八年十二月五日、同じく「九条の会」よびかけ人であった加藤周一が亡くなった。二〇〇九年六月二日、追悼集会「九条の会講演会――加藤周一さんの志を受けついで」が開催された。そこでの講演に加筆したもの。

第二部　二つの憲法——大日本帝国憲法と日本国憲法

はじめに

第二部「二つの憲法」は、一九九九年八月十三、十四両日に行われた講座をもとにしたものです。同年十月『ｔｈｅ座　昭和庶民伝三部作特別号』(こまつ座発行)に掲載され、のち二〇一一年六月七日、岩波ブックレット812　井上ひさし『二つの憲法――大日本帝国憲法と日本国憲法』として刊行されました。

一九九九年当時、「日米防衛協力のための指針(日米新ガイドライン)」を円滑運用するための周辺事態法などガイドライン関連法が五月に成立したところでした。それまでの防衛協力の枠組みを超え、米軍の後方支援として地方自治体や民間の協力までも規定した新法と、それをもたらした日米新ガイドラインについての議論がさかんでした。また、改憲の議論も起こっていました。改憲の焦点は、第九条の「戦争放棄」の条項です。

こういう状況の中、井上さんは、日本国憲法の意義を再確認するために、その生い立ちを明確にしようと試みました。なぜ、どのような形で今の憲法が生まれたのか。新ガイドラインの問題とは何か。

当時の出来事を念頭におきつつ、ご一読いただければ幸いです。

(編集部)

1　憲法の誕生

憲法とは何だろう

日本国憲法を変えようという動きが盛んです。そして、そう考えている人たちが力を持ちだして、ついに来年(二〇〇〇年)一月の通常国会から、「憲法調査会」が設置されることになりました。

ここでは、こうした政治的な動きとは別に、憲法の基本をみなさんといっしょに勉強していきたいと思っています。どんな状況がこようが、他人(ひと)の頭ではなく、自分の頭で憲法を考える。そのための知恵を、いささかでも備えておきたいのです。

憲法の話はおもしろくないかもしれません。このわたしにしても憲法学を本式にやったわけではないのでそう深い話はできないでしょうし、ときには間違ったことを言ったりもするでしょう。それでもさまざまな書物から知恵をいただきながら「大日本帝国憲法」と「日本国憲法」の、二つの憲法が、どのようにできたかを勉強しましょう。では、「憲法とは何だろう」というところから始めます。

「憲法」の定義

「憲法」という言葉は、日本語では、日常語になっておりません。そこでまず最初に辞書を引いてみました。「広辞苑」には二つの意味が書いてあります。一つは、

〈おきて。基本となるきまり。国法。〉

ちょっと不十分な定義だと思いますが、わたしたちがこれから勉強しようとしている「憲法」は、二番目に書いてあります。

〈国家存立の基本的条件を定めた根本法。国の統治権、根本的な機関、作用の大原則を定めた基礎法で、通常他の法律・命令を以て変更することを許さない国の最高法規とされる。〉

日本の辞書は、全部こういう書き方をしています。ただ名詞がならんでいるだけで、何のことだかわからない。

そこで、長谷川正安（まさやす）先生（名古屋大学名誉教授）の智恵にならって、イギリスの「オックスフォード英語辞典（OED）」（一九九三年版）を引いてみましょう。みなさんご存じのようにOEDは世界最大最高の字引と言われています。「あらゆる辞書の手本」（ジョナサン・グリーン著、三川基好訳『辞書の世界史』朝日新聞社）と書いている辞書編纂家もいるぐらいです。一番目の意味は、

〈骨組み、基本的な枠組み、構造、基礎工事、コンスティテューション。〉

普通名詞として扱ってあります。

用例がたくさん載っています。用例も募集しているんですね。一般人が編集部に次つぎにすばらしい用例を送ってくる。あんまり見事な用例を次つぎに送ってくるので、「これは野に隠れた学者ではないか」と思って編集部員が住所を訪ねて行くと、そこは精神病院だったという実話もあります。つまり、辞典はそこまで根を詰めぬとつくれないほど大変な仕事なんですね。

七番目に、大文字でこう書いてあります。

〈ある国民、国家、あるいは政治体が、それに従って組織され、統治される基本原理の体系、あるいは基本原理の集合。この意味は、一六八九年から一七八九年の間に、しだいにできあがった。〉

わかりやすいですね。

イギリス「名誉革命」と「権利章典」

では、ここで言われる今から三百年以上前に始まる一六八九年から一七八九年という百年間に何が起こっていたのか。列記してみました。

一六八八、九年　「名誉革命」と「権利章典」
一六九〇年　ジョン・ロックの『国政二論』

一七七六年　アメリカ独立宣言
一七八八年　「アメリカ成文憲法」成立
一七八九年　「フランス革命」と「人権宣言」

まず、一六八九年に、国王と議会が対立し、議会側が勝って「権利章典」が制定されます。この「権利章典」の一番目にこう書いてあります。

〈国会の同意なくして、王の権威により、法律の停止権、または法律の執行停止権があるようにふるまうことは違法である。〉（樋口陽一／吉田善明編『解説 世界憲法集』三省堂）

つまり、「王様は、自分の持つ王権をたのんで、国会の承認なしに法律を停止したり、また法の執行を止めたりする権限があると思っているが、それは全部違法である」ということですね。

この「権利章典」は、一口にいえば、国王の権力に対して「それは間違いだ」と異議を申し立てる権利。イギリスでは、十三世紀後半以来、議会が国王に対する抵抗の拠点になっていました。議会というのは、貴族や聖職者や市民の代表ですね。国王と貴族間の権力関係を明文化した「マグナ・カルタ（大憲章）」も一二一五年に採用されています。

けれども、イギリスは世界憲政史の第一走者ですから、他に手本がない。そんなわけで成文憲法もない。ですから、イギリスでは「マグナ・カルタ」や「権利章典」など基本的な法律が集まった一群を「憲法」と言っています。

最初は貴族たちが王様の権力を抑えながら、自分の権力にしていく時代があるわけですね。時を経るにしたがって、今度は市民が王様や貴族の権力を抑えながら自分の権力にしていく。市民が血を流しながら少しずつ自分たちの権利を持つようになるわけです。そういう流れの中に「権利章典」がある。

ジョン・ロックの『国政二論』

「権利章典」の翌年、一六九〇年に、イギリスの政治学者で哲学者のジョン・ロックが『国政二論』を書きます。この本は、いろいろなかたちで世界史に大きな影響を及ぼしました。イギリスではそれから百年間、ジョン・ロックの考え方が「常識」とされていましたし、アメリカ、フランス両革命の思想的基盤となりました。

それから八十六年後の一七七六年にアメリカの「独立宣言」が出されます。これは、「名誉革命」と「権利章典」、それから、ジョン・ロックのこの『国政二論』に影響されてできたものです。そして、一七八八年に「アメリカの成文憲法」ができます。イギリスには成文憲法がありませんから、この「アメリカ合衆国憲法」が世界でもっとも早くできた憲法です。

次に、一七八九年に「フランス革命」があり、有名な「人権宣言(人および市民の権利宣言)」がでます。これは、フランスの憲法制定国民議会が採択したもので、「前文」と「十七条」の項目からなっています。

第一条は、「人は生まれながらにして自由であり、権利において平等である」。第二条に「侵すことのできない自然権として、自由、所有、安全、圧制への抵抗」をあげ、以下、国民主権、法の前の平等、思想や言論の自由、公租の承認、所有権の不可侵などを規定しています。

重要なのは、「第十六条」です。これが「その憲法が憲法であるかどうか」をたえずチェックしているリトマス試験紙の役割を果たしています。

〈権利の保障が確保されず、権力の分立が規定されないすべての社会は、憲法をもつものでない。〉(「人権宣言／人および市民の権利宣言」)

つまり憲法らしきものがあったとしても、人々の権利の保障が確保されず、権力の分立が規定されていないものは、ほんとうの意味での憲法ではない。そういう国の国民は、じつは憲法をもっていないのだ。そういう規定ですから、よく覚えておいていただきたいのです。

この講座を準備するために、わたしはたくさんの憲法の本を読みました。そういった本から次つぎに引用してお話ししておりますが、フランス人権宣言の十六条を、とくに重視している方が樋口陽一さんです。樋口さんはわたしの高校時代(仙台一高)の同級生で、東大の法学部教授を退官されていますが、ひまを見ては、じつにしばしば日本を留守になさいます。なぜかしらと思って訊くと、こう教えてくださった。社会主義国が、民主主義にどしどし変わってきている。それでその国の憲法を、その国の憲法学者と一緒につくる仕事を一所懸命やっているのだそうです。あとで申しますが、これはじつは大事なことなのです。

「憲法」という言葉の概念

「オックスフォード英語辞典」の話に戻ります。このイギリスの辞典が、「憲法」という言葉の意味が明確になってきたのは、一六八九年からの百年間だと規定していましたね。

一六八九年に「名誉革命」が起こって、百年後の一七八九年に「フランス革命」が起こった。つまり「イギリス革命」から「フランス革命」までのちょうど百年間に、イギリスで「憲法」という言葉の概念が確立したわけです。

イギリスにとってフランスは外国です。言葉も違います。しかし大事なのは、オックスフォード英語辞典が、他国である「フランス革命」も含めてイギリスの憲法の概念が成立した点に着目していることです。

いま日本では、「憲法は押しつけである」と言われております。外国人が、日本人に

あふれる　あぶれる

「あふれる」と「あぶれる」は、現代では意味が異なり、『広辞苑』では二つの項目として掲載しているが、「あふれる」に「古くはアブル」と注記があるように、もとは一つの言葉。いつしか「あふる」「あぶる」と清音・濁音の両方の形が使われるようになり、ついには音と意味がきれいに分かれた。同様の言葉は、「かずら」と「かつら」など他にもある。

押しつけたものだから、これを変えないといけないという人が大勢います。

しかし、その考え方がいかに特殊であるかが、オックスフォード英語辞典の定義を見ればよくわかります。樋口さんを招いて自国の憲法をつくろうとしている旧社会主義国の人々を見てもよくわかります。話を戻して、イギリス人にとって、フランスという他国のことでも、それがイギリスにとって大きな影響を与えられたものだとわかると、それを自分の問題として辞典に書いてしまうわけです。そういう態度が大事です。それが外国のものであろうといいものはいい、人類に普遍的な共有財産として、自分のものであるとしてしまう。これは学ぶべき精神ではないでしょうか。

この小さな日本という島国に昔からあったものだけでやっていけると考えている人がいますが、そうではありません。外国の考え方が、その国に影響を及ぼしたのなら、それを全部ひっくるめて受けとめることも必要です。

ジョン・ロックの「生命と自由と財産」

ジョン・ロックについては、みなさんもよくご存じでしょうから、ここでは、『国政二論』について話します。『国政二論』には、「プロパティー(property)」という言葉が鍵言葉として出てきます。プロパティーというのは、〈固有のもの、その人だけのもの、その人に属するもの、その人自身のもの〉という意味です。

話は変わりますが、吉川英治の『宮本武蔵』をブロードウェイで『ムサシ』というミュージカルにする企画がありました。何回もプロットを書きましたが、うまくいかなくて宙に浮いています。いずれ、こまつ座でやりたいと考えていますし、もちろんブロードウェイでの上演もあきらめておりません。

アメリカでは、プロットの段階から法律の話が入ってきました。著作権の問題ですね。この著作権のことを、向こうの弁護士は「プロパティー」と言っています。つまり、わたしが書いた戯曲は「井上固有(proper)の働きによって獲得されたものだから、それが井上のプロパティー(property)だ」というわけです。

ジョン・ロックによれば、プロパティーは、「一人ひとりが自然な状態で持っている生命と自由」の権利です。そして、その人が「生命と自由の権利」を使って手に入れた「財産」、つまり「生命、自由、財産」に対する権利です。

たとえてみれば、生まれたばかりの赤ん坊は真っ白な白紙である。それが、成長していくことで、この白い紙に経験を書いていくわけですね。ジョン・ロックは、それが蓄積していくと、その人の「財産」になるという認識論を考えた。

ジョン・ロックの国家論を、簡単に言ってしまえば次のようなことになります。

人は、もともと「生命」と「自由」を持っています。この生命と自由を使って働きますね。働いた結果、何らかの所有物、「財産」ができます。この「生命、自由、財産」

についての権利がプロパティーです。この権利は、誰も侵すことができない。つまり、これが個人の尊厳です。

しかし、そういう「生命、自由、財産」は、一人では守れません。そこで人間はたがいに契約を交わして、全員同意のもとに共同社会をつくり、たがいに守り合う。このときに法律ができてくる。

乱暴に言いますと、わたしが何をする自由もあるという考え方では、誰かをいきなり殺すことも可能です。同時に、わたしがこうして話している間に、誰かがわたしを殺す自由もある。しかし、それでは自分のプロパティーを守れません。ですから、わたしたちは国家に参加して、そういう権利をすべて法律に預けてしまう。つまり、わたし自身に誰かを殺そうとした行為があれば、その相手ではなく法律がわたしを罰する。なおかつ、共同社会がそれをしてくれなかったときには、一人ひとりがその共同社会に対して抵抗権を持つ。

一人では自分のプロパティーを守れない。そこで法律で、自分のプロパティーを守るし、他人のプロパティーも大事にする。つまり、法律で自分も他人も大事に守る。もし、契約違反が起こったときには、実力行使としての抵抗権を持つ。これがジョン・ロックの『国政二論』のあらましです。

自分の運命を自分で決める

これを、いまのわたしたちに当てはめれば、わたしたちは、みんなを信頼して、それぞれが日本国に自分のプロパティーを預けています。ところが、その日本国が、個人のプロパティーを守らないようなことをしでかした場合には、実力行使としての抵抗権を持つ。それぐらい個人の尊厳を守ることは大事なことなんですね。ところが、いまは法律の執行権力(政府)が、わたしたちのプロパティーをあまりよく守ってはくれていない。これは大きな問題です。

プロパティーは、煎じつめれば個人の尊厳のことです。それは、言葉を変えますと、自分の運命を自分で決定することです。

自分の運命を「面倒くさいから、あんた決めてよ」というのでは、決める人が独裁者になるわけです。吉野作造が、

〈蓋し憲政は国民の智徳が相当に成育したといふ基礎の上に建設せらるべき政治組織である。若し国民の(智徳の＝筆者注)発達の程度が尚未だ低ければ、「少数の賢者」即ち「英雄」に政治上の世話を頼むといふ所謂専制政治若くは貴族政治に甘んずるの外はない〉(「憲政の本義を説いて其有終の美を済すの途を論ず」)

と説いたのも、じつはここが肝所だからにちがいありません。

『この国のかたち』

司馬遼太郎さんの晩年のエッセイ集に『この国のかたち』があります。雑誌『文藝春秋』の巻頭に毎号載っていたもので、壮絶な本です。司馬さんが若いころに書いた『竜馬が行く』や『坂の上の雲』などを自己批判していらっしゃったように見えるからです。やがて司馬さんは小説を書かなくなります。そのときに、司馬さんの心の中で何か変化が起こっていたような気がします。司馬さんの幕末や明治の小説は、日本の企業の経営者が競って読んだ。彼らに自分は何を書き与えたのかと、自己批判しているのが、『この国のかたち』なんですね。

『この国のかたち』という表題は、おそらく「憲法」のことだと思います。司馬さんに伺おうと思いながら機会を失ってしまいましたが、『この国のかたち』は憲法の一番正しい定義だと思います。

笑い話があります。じつは、わたしのこの前歯は入れ歯なんです。かかりつけの歯医者さんは、夏目漱石の親友菅虎雄（すがとらお）のお孫さんですが、わたしは、この歯で六十何年どんなに恥ずかしい思いをしてきたかを訴えて、

「長い間、この歯で苦労してきたから、普通の歯を入れてください」

とおねがいしますと、答えはこうでした。

「それはできません。その歯は、井上さんの基本的な顔のかたちである。あなたはそ

の歯に劣等感をもち、やがて居直り、そのためにあなたの滑稽な作風ができたのです。その歯型を変えたら、あなたはあなたでなくなります」

憲法というのは、これなんですね。

日本国憲法には、「国民主権」「基本的人権の尊重」「永久平和」の三本柱があって、個性をもっています。いまこのうちの一つがもし失われてしまえば、日本国憲法は、また別の憲法になってしまいます。

2　大日本帝国憲法ができるまで

明治維新

日本史では、江戸時代後期の戯作者たちのことや伊能忠敬などについては詳しいのですが、それ以外はあまり詳しくない。ですから、みなさんの歴史についての知識も加えながら、聞いていただきたいと考えています。

そのころは列強によってアジアの国々がその草刈り場になっていました。中国は、イギリスに収奪されていた。それを見た幕末の志士たちは、このままでは日本も中国同様、列強の草刈り場になってしまうという危機感を持ったはずです。

そして、日本で、初めて意識的に国家をつくったわけですね。薩長の下級武士たち、一部の開明的な大名たち、少数の旗本や御家人たち、そういった人たちが日本は、このままではだめになる、国家としての体裁を整えないと大変なことになる、そう考えた。今はじつに大雑把に話をしておりますので、細かいことは気になさらないでください。

もちろん、まだ国家間の条約についての知識がありません。ですから、列強が言うままの不平等条約を結ばされていました。後で、「これは大変な不平等条約だ」と気がつきます。「これは何とかしないといけない。そのためには、まず日本という国の体裁を、はっきりとつくらなければいけない」

その具体的な方法を考えました。そして「ヨーロッパの国々は全部憲法を持っている」ということを知った。とすればわれわれもまた「国憲」を持たねばならぬ。こうして、「憲法」をつくらなければいけないという動きが出てきたわけです。

宮島誠一郎の「立国憲議」

その中からあらわれたのが宮島誠一郎の「立国憲議」です。当時、「左院」という法律をつくる立法府がありました。この左院には、板垣退助もいれば、西郷隆盛、後藤象二郎などの明治の参議たちが詰めて、法律を次つぎとつくっていました。

宮島誠一郎は、左院の小議官儀制課長でした。「日本にも憲法が必要だ」ということになって、宮島誠一郎は公家出身の政治家岩倉具視(いわくらともみ)に「憲法をつくらないとだめだ」という檄文(げきぶん)を書くように命じられました。それで、宮島誠一郎は「立国憲議」という文章を書いて、当時の左院の議長後藤象二郎に提出しました。明治五(一八七二)年のことでした。

〈……そもそも皇国古来固有の国体は君主独裁にして、百般の政事ただ在上(ざいじょう)(上の階層)の施為(しい)(施(ほどこ)し行うこと。しわざ)にあり、人民もとより権利の何物たるを知らず、あわせて義務の何事たるを知らざるなり。今や外国交際、日に開け月に盛んなるの時に当たる、しかるに無智蒙昧の人民ようよう外国の国体をうかがい、自主自由を名としていたずらに自己の権利を誇張しかえってその義務を勤めず、はなはだしきに至りては共和政治の論をなすものあるに至る。よろしくまず至当の国憲を立て君権を確定して、皇国固有の君権如何、国憲如何を邦内人民に告知すべし。しかしてその君権国憲にのっとりて適宜相当なる民法を定め人民に権利を与え従って義務を行なわしむ。これを違う者ある、すなわち刑法をもってこれを罰し、民法は令なり刑法は律なり、律令を定むるは我が天皇陛下の権なり。その国憲を定むる如何、古来固有の君主独裁をもってこれを定むるときは、あるいは人民を抑遏し開化の進歩を妨ぐるの弊害あるを免れず。君民同治(立憲君主制)の法を取ってこれを定むるをもっともよしとす。しかりといえども文明の化(改まる、影響)いまだ下民に及ばず、教育の道いまだ成らず、今たとい民選議院を設くるとも、国是(国家の政策や方針)の論を取るべきもの、万人中におそらくは一人を得ること難く、かえって紛擾を招くに至るべし。しからばすなわち君主独裁の体へ君民定律の中を取りて国憲を定め、万機憲法に徴してこれを行うを可とす。……

明治五(一八七二)年四月

小議官儀制課長　宮島誠一郎〉

(カッコ内は著者注)

つまり、わが国はずっと君主独裁であり、そして、人民はばかであるということですね。外国との交際が盛んになると、ばかな人民が外国の国体をうかがって、いたずらに自分の権利を言い立てる。はなはだしいばかは共和制にしたほうがいいと言いだす。

まず「国憲」を立てて、つまり憲法をつくって「君権」を確定する。それが先である。共和制、立憲君主制もいいのだけれども、まだ下民が文明に追いついていないし、教育制度もできていない。国会を設けても、一万人中一人としてちゃんと受けとめる人はいない。大事なことは「君主独裁」が基本で、「君」と「民」の決まりを散りばめて国憲を定めてはいかがか。

これが、板垣退助、西郷隆盛、後藤象二郎らがいた左院という立法府の考えです。黒幕は岩倉具視でした。

宮島誠一郎は、この「立国憲義」を、明治十四(一八八一)年には岩倉具視に、明治十六(一八八三)年には伊藤博文にも提出します。

元老院に対する勅語

明治九(一八七六)年には、元老院に対する勅語が出ます。天皇が考えたわけではなく、頃合いを見て岩倉具視あたりが「こういうのはどうでしょう」と提案したのでしょう。

〈……朕爰(ここ)ニ我建国ノ体ニ基キ広ク海外各国ノ成法ヲ斟酌(しんしゃく)シ以テ国憲ヲ定メントス〉

いよいよ、「憲法をつくろう」となりました。

樋口陽一さんは、この「建国ノ体ニ基キ」と「広ク海外各国ノ成法ヲ斟酌シ」の二本立てが、現在に至るまで、われわれ日本人の性癖であると言っています。まず精神は日本古来のもの、そして技術は外国のもの。それを斟酌して憲法を定めよう。こうした考え方は、現在の日本にもえんえんと続いていますね。

そして、当時は三つの派がありました。原口清先生の『日本近代国家の形成』によれば、一つは薩摩藩出身の官僚たち。その代表が、黒田清隆です。憲法をつくって、立憲君主制なんてとんでもない。絶対君主制でいい。いまのままでいいという考え方ですね。

二つ目は、大隈重信を中心とする明治維新時に勲功があった人たちです。なしくずしに妥協しながら憲法をつくり、それを生かしてやがて立憲君主制に転換していく方向をめざします。いまから考えると一番妥当なところで、大隈重信ら弱小藩出身の政府の重要人物たちの考え方でした。

三つ目は、伊藤博文や山県有朋（やまがたありとも）、井上毅（こわし）など長州出身の人たちの考え方です。まず日本は絶対に、絶対君主制でなければだめだと考えていました。いまから見れば、できるかぎり憲法をたてて見せかけの立憲制をつくろうということです。

つまり、薩摩派の「憲法なんかとんでもない」という「絶対・専制君主制」派。それから、大隈重信らの「憲法をつくり、やがて立憲君主制に転換していこう」という一派。

そして、薩摩派に似ていますけれども、長州派は「立憲君主制の形をとるけれども内容は絶対君主制でいこう」派。

この三つの考え方の中に、天皇の「憲法をつくろう」という勅語が発せられたわけです。

伊藤博文の憲法調査

明治十五(一八八二)年に、当時の最高権力者になっていた伊藤博文が、憲法調査のためにドイツ、当時のプロシャにいました。

さきほど言いました世界史の流れでは、一七八九年に「フランス革命」と「人権宣言」がありました。そして、「国民の権利の保障」と「権力の分立」という近代憲法の核心が、すでに発見されています。

日本では、それから百年近くたった明治に憲法調査が行われていた。遅れて出発しているのですからしょうがないですね。

しかし、その一方で明治十四(一八八一)年に植木枝盛(うえきえもり)の「日本国国憲案」が起草されています。これはほとんどフランスの「人権宣言」そのままの平等思想です。

〈第四十二条　日本ノ人民ハ法律上ニ於テ平等トナス〉

つまり、「法の前の平等」ですね。それから、「思想の自由」もあります。

〈第四十九条　日本人民ハ思想ノ自由ヲ有ス〉
〈第七十二条　政府　恣（ほしいまま）ニ国憲ニ背キ擅（ほしいまま）ニ人民ノ自由権利ヲ残害シ建国ノ旨趣ヲ妨クルトキハ日本国民ハ之ヲ覆滅シテ新政府ヲ建設スルコトヲ得〉

という一条まであって、これはジョン・ロックの考え方ですね。民間ではこんなことまで考えていた。

また、宮城県出身の自由民権論者千葉卓三郎（ちばたくさぶろう）たちの「五日市憲法草案」というものもあります。

〈第四十七条　凡ソ日本国民ハ、族籍位階ノ別ヲ問ハス、法律上ノ前ニ対シテハ平等ノ権利タル可シ〉

これは色川大吉さんグループが発見した「憲法草案」で、やはり「法律の前での平等」が明記してあります。

政治的には遅れて出発した日本ですが、思想家や民間の中にも世界的レベルで考えていた人たちがいたのです。

金子堅太郎「伊藤公を語る」

やがて、「大日本帝国憲法」が伊藤博文を中心にして、外国の学者の協力も得ながらできる。金子堅太郎（けんたろう）が、伊藤博文について「伊藤公を語る」という文章を書いています。

この文で「外国には日本の『国体』という意味の文字が見当たらない」と言っています。

〈……伊藤さんは独逸のグナイスト氏などの学説を聴かれたようだが、元来独逸に国体というごとき文字のあろうはずはない。英国にも仏国にももちろんない。私は主として米国で憲法及び行政法を研究したのであるが、やはり日本の国体に該当すべき文字は見当たらぬ。これは全く日本独特のもので、水戸烈公徳川斉昭の「弘道館記」に『万世一系の天子が三種の神器を奉じて万民に君臨すること、建国の基、宝祚これをもって無窮、国体これをもって尊厳』とあるのがすなわち国体であると思う。もし強いてこれに似通った言葉を求めるならば「ナショナル・オーガニゼーション」、または「ガヴァメンタル・オーガニゼーション」、すなわち「政府の体裁」「国家の体裁」あるいは「国家の形式」と申してもよろしいが、……もちろん政体と国体とは全然別なもので、外国人にはおそらく国体ということはとうてい理解することができまい。〉

これで、伊藤博文がドイツの憲法を学び、また金子堅太郎が、アメリカ憲法を研究していることがよくわかります。

伊藤博文「枢密院における憲法制定の根本精神についての所信」

伊藤博文の、明治二十一(一八八八)年六月、明治天皇臨席のもとに帝国憲法草案審議が開催された日の演説です。「枢密院における憲法制定の根本精神についての所信」、これは非常に重要です。

金子堅太郎の文「伊藤公を語る」と重ねあわせて読んでいただきたいものです。有名な演説ですから、みなさんもご存じだと思いますが、

〈……故ニ今憲法ノ制定セラル、ニオイテハ先ツ我国ノ機軸ヲ求メ、我国ノ機軸ハ何ナリヤト言フ事ヲ確定セサルヘカラス。機軸ナクシテ政治ヲ人民ノ妄議ニ任ス時ハ、政其統紀ヲ失ヒ、国家亦タ随テ廃亡ス。……抑(そもそも)、欧州ニ於テハ憲法政治ノ萌セル事千余年、独リ人民ノ此制度ニ習熟セルノミナラス、又宗教ナル者アリテ之カ機軸ヲ為シ、深ク人心ニ浸潤シテ、人心此ニ帰一セリ。然ルニ我国ニ在リテハ宗教ナル者其力微弱ニシテ、一モ国家ノ機軸タルベキモノナシ。仏教ハ一タヒ隆盛ノ勢ヲ張リ、上下ノ人心ヲ繋キタルモ、今日ニ至リテハ已ニ衰替(すいたい)ニ傾キタリ。神道ハ祖宗ノ遺訓ニ基キ之ヲ祖述スト雖、宗教トシテ人心ヲ帰向セシムルノ力ニ乏シ。……我国ニ在テ機軸トスヘキハ、独リ皇室アルノミ。是ヲ以テ此憲法草案ニ於テハ……君権ヲ機軸トシ、偏ニ之ヲ毀損セサランコトヲ期シ、敢テ彼ノ欧州ノ主権分割ノ精神ニ拠ラス。固ヨリ欧州数国ノ制度ニ於テ君権民権共同スルト其揆ヲ異ニセリ。是レ起案ノ大綱トス。〉

あえて大事なところだと思うところに傍線を引いておきました（以下の傍線も同様）。

伊藤博文は「我国の機軸は何なりや」、つまり「中軸になるのは何か」、これが確定しない限り憲法はできないと考えた。

ヨーロッパでは、「宗教が機軸になっている」。宗教が人々の心の奥底まで浸み込んでいるから、宗教をもとにした憲法や国家が成立しています。

ところが、伊藤博文が思うに、「日本には機軸になるものがない」。そこで、「日本にも、それにふさわしい宗教があればよい」と考えます。

「我国にありては宗教なるものその力微弱にして、一も国家の機軸たるべきものなし。仏教は一たび隆盛の勢いを張り、上下の人心をつなぎたるも、今日にいたりては已に衰替に傾きたり……」

この次が、大事なんですね。

「神道は祖宗の遺訓に基づきこれを祖述すといえども、宗教として人心を帰向せしむる力に乏し」

われわれは、「天皇は神道」とイメージしますが、この時代の伊藤博文にとっては、神道と天皇とは違うんですね。つまり、仏教も駄目、神道も駄目。では、わが国の機軸は何なのか。

「……わが国にありて機軸とすべきは、ひとり皇室あるのみ。これを以てこの憲法草案において、君権を機軸とし……」

これを起案の大綱とします。ここは、重要なところですね。伊藤博文が手の内を明かしています。

わたしは、神道と天皇制を結びつけて考えていたので不意を打たれましたが、伊藤博文の考えは、神道でも駄目なんですね。そうすると、皇室しかない。皇室を宗教にするしかない。ここに、天皇教というのが生まれたのではないか。それがわたしの疑問です。仏教でも神道でもなくて、新しくヨーロッパのキリスト教にかわるものを、前からあるものを利用しながらこのときにつくったのではないか、という疑問が生じました。

わたしはこの一節から、近代日本というのは最近の例ではオウム真理教だったのではないか、と考えることがあります。そうじゃないと、満州事変から敗戦にいたる昭和の十五年間がよくわからない。これまで、神道と天皇を結びつけて、王政復古で明治政府ができて、途中いろいろな変なことがあって、軍部が台頭してあんなひどいことになった、と考えていました。もちろん、司馬史観も、他の史観もそうなんです。

が、これを読んでいるうちに、伊藤博文はこのときまったく新しいことを考えたのではないか、という疑問が湧いてきました。

これはこれから二、三年かかって、もうちょっとしっかり勉強して言わないといけない。うっかり言うと首がとびそうですから、と言いながらもうっかり言っていますが……。

これはまだまだ熟していない考えですから、一旦脇に置きます。

伊藤博文は、皇室を宗教にしようと決心して草案をつくった。そして、草案の中身は君権を機軸とします。あえてヨーロッパの主権分割、つまり権力を分割させる、あるいは主権を国民や議会に持たせることは一切やめて、この憲法の起案をしたと打ち明けているわけです。

「大日本帝国憲法」発布

明治二十二(一八八九)年二月十一日が、「大日本帝国憲法」発布です。

それから数日後に、「やまと新聞」の付録「大日本帝国憲法俗解」、つまり「憲法早わかり」が出ます。これは「大日本帝国憲法」を、わかりやすく翻訳して説明しています。

それを読みますと、

〈……(憲法発布勅語について)さて、天子様の仰しゃるには、朕(オレ)は今この日本国の繁盛するのと、日本に住む仕合せのよくなるのとの二つをもって心の喜びとし、また、朕(オレ)が先祖の天照皇太神宮様、神武天皇様(祖は天照大神にして宗は神武天皇なり)から承(う)け伝えてきた日本国を支配する権勢(いきおい)をもって、今生きている日本の人、またこれからさき生まれる日本人の子や孫の者どもに対して朽ちもせず変わりもせず末代伝わるべき憲法という規則を触れ出す。〉

というのが、憲法発布直後の「やまと新聞」の翻訳なんですね。なお、この「大日本帝国憲法俗解」の全文は、『読本 憲法の100年』(作品社、全三巻)に載っています。この三巻本はすごくよくできていて、じつに役にたちます。機会があったら、ぜひ手に入れてください。

話はここから五十六年後にとびます。参照していただきたいのは、戦後の「天皇の人間宣言(抄)」です。昭和二十(一九四五)年八月十五日に日本は戦争に負けて無条件降伏します。これは、その翌年一月一日に、どの新聞にも一面に大きく載ったものです。その中の一部ですが、

〈……朕ト爾等(ナンジラ)国民トノ間ノ紐帯(ジュウタイ)ハ、終始相互ノ信頼ト敬愛トニ依リテ結バレ、単ナル神話ト伝説トニ依リテ生ゼルモノニ非ズ。天皇ヲ以テ現御神(アキツミカミ)トシ、且日本国民ヲ以テ他ノ民族ニ優越セル民族ニシテ、延テ世界ヲ支配スベキ運命ヲ有ストノ架空ナル観念ニ基クモノニモ非ズ。〉

いまのことばでは「よく言うよ。これを言っていたのは君たちじゃない?」というところですね。この「人間宣言」と「やまと新聞」とをつなげて読みますと、つまり日本の支配層は、

「天皇は、現御神つまり生き神様で、日本人は他の民族よりも優越した優秀な民族で八紘一宇、世界が一つの家になってその主人は日本人で、つまり延べて世界を支配すべ

き運命を有す」

と言っていたわけです。

ところが、昭和二十一(一九四六)年になって、天皇が自ら「あれは、全部嘘でした。あれは架空な観念でした」と宣言しました。「わたしと国民の間は、信頼と敬愛とで結ばれているけれども、神話や伝説で結ばれているわけではない。天皇が生き神様だの、日本民族が優秀で世界を征服するという考え方で結ばれていたわけではない」と一変しています。

しかし伊藤博文が機軸としたのは、戦後「天皇の人間宣言」で否定したこの考えなんですね。つまりそれを機軸にして、明治二十二(一八八九)年二月十一日(発布)の「大日本帝国憲法」をつくったわけです。

第一章　天皇

では、「大日本帝国憲法」の条文についてお話しします。

勅語や「やまと新聞」の翻訳でお伝えしましたが、中身は「神勅(しんちょく)」つまり神様の言葉によって、「天皇がその国の主権者である」という憲法を書いたわけです。

第一章は天皇についての条項です。これは暗記しておくと便利です。では、いくつかの条項を読んでみましょう。

〈第一條　大日本帝國ハ萬世一系ノ天皇之ヲ統治ス〉
〈第四條　天皇ハ國ノ元首ニシテ統治權ヲ總攬シ此ノ憲法ノ條規ニ依リ之ヲ行フ〉
〈第五條　天皇ハ帝國議會ノ協贊ヲ以テ立法權ヲ行フ〉

つまり、第五条で「天皇は帝国議会を開会したり、閉会したり、解散したりできる」と言っています。

〈第八條　天皇ハ公共ノ安全ヲ保持シ又ハ其ノ災厄ヲ避クル爲緊急ノ必要ニ由リ帝國議會閉會ノ場合ニ於テ法律ニ代ルヘキ勅令ヲ發ス〉

天皇が勅令を出すということですね。

〈第九條　天皇ハ法律ヲ執行スル爲ニ又ハ公共ノ安寧秩序ヲ保持シ及臣民ノ幸福ヲ増進スル爲ニ必要ナル命令ヲ發シ又ハ發セシム但シ命令ヲ以テ法律ヲ變更スルコトヲ得ス〉

これは、「天皇が公共の安全あるいは臣民の幸福を守るために必要だと思ったら、命令を出したり、法律を変えてもいい」ということです。このへんは、天皇大権と言われているものです。

〈第十條　天皇ハ行政各部ノ官制及文武官ノ俸給ヲ定メ及文武官ヲ任免ス……〉

天皇は、行政各部の官制及び文武官の給料を決める。

〈第十一條　天皇ハ陸海軍ヲ統帥ス〉

これは、あとで問題になった条文です。

〈第十二條　天皇ハ陸海軍ノ編制及常備兵額ヲ定ム〉

部隊をつくるのも、軍事予算も全部天皇大権なんです。

〈第十三條　天皇ハ戰ヲ宣シ和ヲ講シ及諸般ノ條約ヲ締結ス〉

講和、条約の締結権も天皇です。

〈第十四條　天皇ハ戒嚴ヲ宣告ス〉

戒厳令を出すのも天皇です。

〈第十五條　天皇ハ爵位勳章及其ノ他ノ榮典ヲ授與ス〉

栄典を与えるのも天皇です。

〈第十六條　天皇ハ大赦特赦減刑及復權ヲ命ス〉

大赦特赦もそうです。

〈第十七條　攝政ヲ置クハ皇室典範ノ定ムル所ニ依ル　攝政ハ天皇ノ名ニ於テ大權ヲ行フ〉

このように、天皇の大権はたくさんあります。ここにあるのは、神様の天照皇太神宮と神武天皇以来の神の受け伝えによる天皇主権の国であり、民権ではなく君権を機軸とした憲法です。

第二章　臣民権利義務

大日本帝国憲法で特徴的なのは、第二章の「臣民権利義務」というものです。

〈第十八條　日本臣民タルノ要件ハ法律ノ定ムル所ニ依ル〉

〈第二十二條　日本臣民ハ法律ノ範圍内ニ於テ居住及移轉ノ自由ヲ有ス〉

居住移転の自由には法律の範囲内に於いてという但し書きが付いています。

〈第二十八條　日本臣民ハ安寧秩序ヲ防ケス及臣民タルノ義務ニ背カサル限ニ於テ信教ノ自由ヲ有ス〉

信教の自由も条件つき。権利については全部但し書きがつく。民権を表に出していますが、それは見せかけ。民権はすべて制限されています。

第三章　帝国議会

一番重要なのは、第三章の帝国議会です。まず、「第三十七條」にこうあります。

〈凡テ法律ハ帝國議會ノ協贊ヲ經ルヲ要ス〉

つまり、「権力分立せず」。本来は、裁判所も、行政府も、立法府も、それぞれ三権が分立してお互いが牽制したり、切磋琢磨して進んでいくものです。しかし、「大日本帝国憲法」では、天皇一人に全部権力が集まっています。議会さえ、法律を成立させるために「協賛を経るを要す」、つまり「議会が賛成し助力」する程度、これは天皇独裁と言っていい。そしてそれが「大日本帝国憲法」の本質だった。もちろん、これは今だから言えることで、歴史の高みに立って過去を見下ろすのは、けっして感心できる態度ではないのですが。

このように「大日本帝国憲法」は、立憲君主制と言いながらもそれは見せかけでした。絶対天皇制だった。それは、条文をたどってみればわかる。ですから、この憲法を持つ限り、満州事変に始まって敗戦に至る日本の行く先は見えていたのではないか。そういう疑問もまた湧いてきます。

田中正造の質問趣意書

「立憲」と「君主制」は矛盾する。「立憲」とは憲法を立てて権力を分立させることで、「君主制」とは君主に権力が集中するということですから。

「憲法を立てて、君主がやりたい放題のことをやらないように、その憲法でチェックしていく」のが理想的な立憲君主制ですが、大日本帝国憲法は、一応制限つきの選挙権を与えて国政に国民を参加させた形をとりながら、よくよくみると、全部天皇が決めてしまうことになっていた。君主主権であったことは明らかです。

でも、腐っても憲法は憲法であって、この憲法を使ってたたかってきた人たちが大勢いる。

その中の一人が、田中正造です。明治二十四(一八九一)年から、足尾銅山の鉱毒が被害を与えて社会問題化した事件でたたかった政治家です。明治三十四(一九〇一)年三月二十四日、田中正造の衆議院での演説が残っています。

〈……鉱毒激甚地人民の請願者を牢獄に投じ無罪の良民に悪名を負わせ罪名を付けるなど、この窮民をしていよいよ死地に陥れて加害者の横行をほしいままにならしめ、あまつさえこの悪逆無道の加害者をして宮中に出入りを許すなど、これすでに現政府の憲法の精神を無視する証左にあらずして何ぞ。背徳の人間に憲法を所有する権利なし。悪人に憲法の所有権なし。〉

吉野作造の論文

また、大正五(一九一六)年には吉野作造の長い論文「憲政の本義を説いて其有終の美を済すの途を論ず」が『中央公論』一月号に載ります。

当時の吉野作造は、東大法学部の助教授でした。外国から帰ってきたばかりですが、大きな問題提起をしています。当時の日本は、「国民に制限選挙ではあっても選挙権を与えて議会も開いています」という見せかけの立憲君主制であった。でも、この制度を何とか実のあるものにしよう、つまり絶対君主の権利、やりたい放題をすこしずつチェックしていこうという動きがありました。その中の代表的なものが、この吉野作造の論文です。その冒頭をふたたび引用します。

〈憲政のよく行はるゝと否とは、一つには制度並びに其運用の問題であるが、一つには又実に国民一般の智徳の問題である。蓋し憲政は国民の智徳が相当に成育したといふ基礎の上に建設せらるべき政治組織である。若し国民の発達の程度が尚未だ低ければ、「少数の賢者」即ち「英雄」に政治上の世話を頼むといふ所謂専制政治若くは貴族政治に甘んずるの外はない。故に、立憲政治を可とするや、貴族政治を可とするやの問題の如きも、素と国民の智識道徳の程度如何によつて定まる問題で、国民の程度が相当に高いのに貴族政治を維持せんとするの不当なるが如く、国民の程度甚だ低きに拘らず強て立憲政治を行はんとするの希望も亦適当ではない。〉

つまり吉野作造は、この見せかけの立憲君主制を中身のあるものにするためには、国民がうんと勉強して知識道徳のレベルが高くならないといけないと言っています。これはいまでも言える真理です。ちなみに、宮城県古川市(現・大崎市)は吉野作造の生地ですが、その古川市に、とてもよくできた吉野作造記念館があります。わたしが名誉館長を仰せつかっているので申し上げるのではなく、とにかく一見の価値があります。あの近くまでおいでになることがありましたら、ぜひ古川市に足をおのばしください。

さて、いま、わたしたちは、「大日本帝国憲法」とはまるで違う憲法のもとで生きています。しかし、その「日本国憲法」をもとにした政治の内容には、とくに昨今では大変問題がある。また、吉野作造に言わせれば、「国民の程度が、はなはだ低きにかかわらず、しいて立憲政治を行わんとするの希望もまた適当ではない」ということなのかもしれません。立憲政治を立派に成り立たせるために、わたしたちは、わたしたちの知徳を相当成育させなければなりません。

まとめ

ここでは、「憲法とはなんぞや」ということから話を始めました。「オックスフォード英語辞典」の定義を道しるべに、一六八九年から一七八九年の百年間を調べていくと、「イギリス名誉革命」から「権利章典」、アメリカの独立、「アメリカ成文憲法」の成立、そして、「フランス革命」「人権宣言」があって、その全体が憲法の意味である。とくに大事なのは、フランス革命の「人権宣言」の第十六条。近代憲法には、「国民の権利の保障」と「権力の分立の確保」とが明記されていなければならない。個人の尊厳が守られないときは実力行使による抵抗権もある。

それから、百年くらい遅れて日本も憲法をつくるようになります。さまざまなことがあって、伊藤博文は、「仏教でもない、神道でもない、天皇自体を神様にし、宗教にして、国の憲法をつくっていこう」と考えました。そうすると、天皇はやはり生き神様になるわけですね。出発点から危ないものを含んでいた。もちろん、これはいまだから言えることですが。

いま「大日本帝国憲法」を読む人はあまりいませんが、しかし、ここに書かれた制限付きの国民の権利を読むと、何という悲しい時代だったのだろうと思います。全部天皇がつくった法律の範囲でという制限がついている。こういう形骸化した立憲君主制の中で、吉野作造のように、国民が勉強して知識道徳のレベルを高め、実のある立憲君主制に変えて行こうという考えもあらわれてきたのでした。

3　戦争から敗戦まで

「憲法」は、権力への対抗手段

ここまでの話を整理すると、憲法という考え方は十七世紀の末から百年かかって、すなわち、イギリスの権利章典やアメリカの独立宣言やフランスの人権宣言などを経て形成されて行ったもので、その中身は、権力者の権力の使いすぎに対して制限を加えるものであった。もっと簡潔に言えば、権力の集中からその権力をどう引き剝(はが)すかを記したもの、それが憲法である。「表現の自由」「言論の自由」が、日本国憲法で保障されている。

だからといって、どんな人に対しても言いたいことを言っていい、表現していいということではありません。憲法はある権力に対抗するために、あるいは監視するために生まれたもの、権力者に対して、どんな批判をしてもいいということであって、自分より立場の弱い者に対して、言いたいことを言ったり、書いたりしてもいい、ということではない、とわたしは考えています。

そして、欧米に遅れること百年、近代国家を目指した日本でも、憲法が作られる。それが明治二十二(一八八九)年二月十一日に発布された「大日本帝国憲法」だったのですが、権力へのチェック機能はないに等しく、実体はむしろその逆、天皇に権力を集中、天皇大権を打ち出した天皇絶対主義の憲法だった。

伊藤博文の天皇教はこの国を、オウム真理教と同じ構造にするものだった。もちろん、これはまだわたしの想像でしかありませんが。いずれにせよ、このときから日本人は憲法とは言いながら、権力者にチェックができない、ましてや批判すらできない憲法を持つことになった。

ここに悲劇の芽があったのです。

恒久平和を願った国際連盟

一九一四(大正三)年六月、オーストリア皇太子がセルビア人に暗殺された事件をきっかけに、第一次世界大戦が始まりました。ご存じのように、この戦争は人類が初めて経験する世界戦争だった。

戦車、飛行機、大砲などの大量殺戮兵器が使われ、それまでのように、ある特定地域で兵士同士が戦うといった戦争ではなく、一般の市民までが巻き込まれ、これまでに経験したことがない惨憺たる結果になりました。

これではいけない。もう二度とこうした悲惨な戦争をするべきではない。世界平和を構築しようと、パリ平和条約の第一編を基に、一九二〇(大正九)年にアメリカのウィルソン大統領の強力な指導力のもとで国際連盟ができました。もちろん人間の歴史で最初の、世界平和維持機構でした。原加盟国は大戦の戦勝国三十二カ国と中立国十三カ国。敗戦国と新独立国は、連盟総会の三分の二の同意があれば加盟をみとめられました。常任理事国は、イギリス、フランス、ドイツ、イタリア、そして日本でした。のちにソ連も常任理事国として加盟いたします。

ちなみに提唱者であったアメリカはモンロー主義を理由に連盟には参加しませんでした。モンロー主義というのは、一八二三年にジェームズ・モンロー大統領が唱えたアメリカ外交の伝統的な基本原則で、ヨーロッパがアメリカに干渉することを排除するという、一種の孤立主義のことです。いまのアメリカはどちらかというと反モンロー主義ですが。

第一次世界大戦が終わって十年後の一九二八(昭和三)年、フランスの外務大臣ブリアンから、アメリカ国民とアメリカ合衆国国務長官ケロッグに宛てた書簡が届きました。

その内容は、世界大戦がアメリカの参戦によって終結することができたことに対する感謝と、いかに戦争が悲惨であったか、そして、これからは少なくともフランスとアメリカの二国間においては、たとえどんな事態になっても戦争するのはやめようという提案でした。

アメリカの国務長官ケロッグは、アメリカとフランス二国間の約束ではなく世界中がそう決めなければ、この地球から戦争はなくならないと、この提案を国際連盟に持ち込みます。このブリアン提案に全世界が反応します。

「そうだ、もうああいう悲惨な戦争は二度と起こしてはならない」

「アメリカとフランスだけでなく、世界中の国が戦争をしないようにしよう」

国際連盟の常任理事国が中心となって、その運動は世界各国への呼びかけに発展していったのです。日本も常任理事国のひとつですから、当然、一緒になって呼びかけ役をつとめました。

そして当時存在したほとんどの国々、すなわち六十カ国が当事国となってパリで署名したのが「戦争放棄ニ関スル条約」、いわゆる「パリ不戦条約」です。読んでみましょう。

〈戦争抛棄ニ関スル条約(不戦条約)〉

署名　一九二八年八月二七日(パリ)

効力発生　一九二九年七月二四日

日本国　一九二九(昭和四)年六月二七日批准

同年七月二五日公布

当事国　六〇

第一条（戦争抛棄の宣言）　締約国ハ、国際紛争解決ノ為戦争ニ訴フルコトヲ非トシ、且其ノ相互関係ニ於テ国家ノ政策ノ手段トシテノ戦争ヲ抛棄スルコトヲ其ノ各自ノ人民ノ名ニ於テ厳粛ニ宣言ス。

第二条（紛争ノ平和的解決義務）　締約国ハ、相互間ニ起ルコトアルベキ一切ノ紛争又ハ紛議ハ、其ノ性質又ハ起因ノ如何ヲ問ハズ、平和的手段ニ依ルノ外之ガ処理又ハ解決ヲ求メザルコトヲ約ス。〉

ちなみに、南米諸国七カ国が、自分たちだけで不戦条約を結ぶと言って別に南米不戦条約を締結しましたから、実質的に言えば、この条約を世界中が支持したことになります。

これは大変なことですね。なにしろ世界中のほとんどの国々が戦争放棄を約束したわけですから。

日本は、もちろん常任理事国ですから賛成に決まっていますが、ひとつだけ問題がありました。それは、第一条の末尾の「各自ノ人民ノ名ニ於テ厳粛ニ宣言ス」という箇所です。ここでもわかるように、ほとんどの国が「人民ノ名ニ於テ」宣言するようになっている。ところが、日本は天皇大権ですから、日本国に限り「人民ノ名ニ於テ」という箇所は不敬である、天皇大権を侵すものである、批准すべきではないという運動が起こり、時の田中義一(ぎいち)内閣が窮地に追いつめられた。結局、政府は、「『人民ノ名ニ於テ』という字句は日本に限り適用ないもの」という宣言をつけて、ようやくのことで批准にこぎつけたのでした。

なぜ、この条約を持ち出したかと言いますと、この条約の第一条、第二条が、日本国憲法の前文と第九条にそっくり流れ込んでいるからです。

つまり、当時の日本は、ブリアンとケロッグの「もう二度と戦争をするのはやめよう」という提案に賛同し、国際連盟の常任理事国として、全世界の平和維持に一役買っていたのです。ちなみにブリアンとケロッグはノーベル平和賞を受賞しました。

日本は「人民ノ名ニ於テ」という箇所を除けば、世界の一流国として、平和を求める他の国々と同等の崇高で高邁な精神をかつて持っていた。このことを忘れてはいけないのではないか。

とくに、いわゆる大正デモクラシー時代には、天皇制の下でも、議会や政党を政治の中核に置き、普通選挙、婦人参政権の実現などの目標を高く持っていたわけですから、この当時の日本は、まがりなりにではあれ、世界の国々と一緒の行動をとることができた。日本にはかつて世界平和を強く願う気持ちがあり、その役割を果たしていた時代があったのです。

ポツダム宣言

しかし、残念ながら恒久平和を願う国際連盟から最初に脱退したのもまた、日本だったというのは、ご存じの通りです。

日本は昭和六(一九三一)年九月の柳条湖事件をきっかけに、満州(現・中国東北部)に五十万人の武装開拓民を送り込み、その農地を奪って住みつき、昭和七(一九三二)年三月に満州国を建国する。

この満州国は政府の要人に日本人が入っていましたから、言ってみれば、日本の直接管理占領でした。また、満州国の土地の多くを日本人が所有しているわけですから、諸外国から見たら、どう見ても日本の傀儡(かいらい)国家です。そこで、中国は、国際連盟に提訴します。

国際連盟は、日本の行為が侵略にあたるかどうか調べるために、リットン調査団を送る。

そして、一九三三(昭和八)年二月二十四日、その報告を受けて、国際連盟は、満州における中国主権を確認し、四十二対一と圧倒的大差で日本の撤兵を求める報告書を採択しました。この一というのは日本ですから、棄権したタイを除き、日本以外全部反対です。

もし日本にも多少の理があれば、二票や三票は入ると思うんです。が、誰も支持してくれない。これを不満として日本代表松岡洋右(ようすけ)が憤然として席を立ったのは有名な話ですね。

そして、常任理事国であった日本は国際連盟を脱退してしまいます。これにひきつづきイタリアのエチオピア侵略、ドイツ、オーストリアの合併などで、イタリア、ドイツがやはり国際連盟を脱退、事実上この条約は無意味なものになってしまいました。このことに対する国際連盟加盟国の怒りを、わたしたちは理解しなければならないのではないでしょうか。ちなみに、脱退組の日本、ドイツ、イタリアが枢軸国、その他が連合国と呼ばれることになります。

当時の日本、ドイツ、イタリアの政治形態を指して、一九三〇年型ファシズムと言われることが多い。これらの国々は、国内においては議会はあってなきがごとくで、それに反対する勢力を徹底的に弾圧する。つまり憲法を持ちながら、議会の働きはまったく止まってしまう。また国外においては軍事力で侵略を繰り返す。これが、一九三〇年型ファシズムと言われているものです。

そして、この後に第二次世界大戦があった。

しかし連合国側は、国際連盟で六十カ国に呼びかけて不戦条約を成立させたときの日本の働きぶりを覚えていた。

「あの時は、世界平和のために、よくやってくれたではないか」

「あの時の気持ちを忘れないで、もう一度がんばってください」

この思いがあのポツダム宣言につながっていく。資料を見てみましょう。

〈ポツダム宣言(抄)

署名　一九四五年七月二六日(ポツダム)

日本国　一九四五年八月一四日(受諾)

一〇項(戦争犯罪人ノ処罰・民主主義傾向ノ強化)……日本国政府ハ、日本国国民ノ間ニ於ケル民主主義的傾向ノ復活強化ニ対スル一切ノ障礙ヲ除去スヘシ。

一二項(占領軍撤収ノ条件)前記諸目的カ達成セラレ且日本国国民ノ自由ニ表明セル意思ニ従ヒ平和的傾向ヲ有シ且責任アル政府カ樹立セラルルニ於テハ聯合国ノ占領軍ハ直ニ日本国ヨリ撤収セラルヘシ。〉

連合国側は敗戦国日本に対して、日本国民の間に昔あった民主主義的傾向の「復活」に期待すると言っている。連合国側がパリ不戦条約の頃の日本のことを覚えていたことが、このことでよくおわかりになると思います。

こうした流れの中で日本は「平和憲法」を制定することになる。あれは押しつけ憲法だという論議がありますが、連合国側は、たとえば戦争放棄をいきなり持ち出してきたのではありません。かつての日本の、平和維持の熱意をもう一度燃やしてほしいと言っている。そういう次第ですから、日本国憲法の前文と第九条には「不戦条約」を成立させようとしてがんばっていた日本の、そして世界の熱意と理想が流れ込んでいます。

昭和二十年の日本の動き

戦争も末期状態に陥った昭和二十(一九四五)年二月、天皇は七人の重臣を個別に呼んで戦局の見通しを訊きます。一人目が平沼騏一郎男爵(一八六七―一九五二)で、彼は「官吏の国民に対する慈愛が必要です」と、なんとなくピンボケの意見を上奏します。

二人目は広田弘毅元首相(一八七八―一九四八)で、彼は親軍的立場をとっていました。広田は「ソ連仲介による和平を……」と上奏する。

三人目は近衛文麿(一八九一―一九四五)ですが、三度、首相をつとめたこの公家政治家の上奏内容については、あとで説明いたします。

四人目は、若槻礼次郎(一八六六―一九四九)も首相経験者ですが、彼は、「政府、陸軍、海軍を別々にお召しになり、前途の見通しについて腹蔵のない意見をおきき遊ばされたい」と上奏。

五人目は牧野伸顕(一八六一―一九四九)で、大久保利通の次男で、吉田茂はこの人の女婿です。牧野は「和平の時期は戦局がもう少しなんとかなってから……」と上奏しました。

六人目の岡田啓介元首相(一八六八―一九五二)は東条内閣倒壊工作の中心人物ですが、「我が方に有利な時期をとらえて戦を終らせるべきです」と上奏します。

そして重臣上奏の最後は前首相東条英機陸軍大将(一八八四―一九四八)。彼は「和平に反対。陛下の御親政、御親裁を」と訴えました。

さて、三番目に上奏を行った近衛文麿は、いってみれば天皇家の親戚筋ですが、学生時代には河上肇を慕って東大から京大に転じたことからもわかるように革新に対する憧れがあり、一方ではその出自から権力欲もあり、結局は無責任という変な性格の持ち主ですが、その彼が天皇に提出したものが有名な近衛上奏文です。

その内容はこうです。

〈……敗戦は遺憾ながら最早必至なりと存候。以下は此の前提の下に申しのべ候。敗戦は我国体の一大瑕瑾たるべきも、英米の世論は今日迄の所国体の変革とまでは進み居らず。随って敗戦だけならば、国体上はさまで憂ふる要なしと存候……〉(外務省編『日本外交年表竝主要文書』原書房)

つまり、アメリカもイギリスも日本の国体には理解がある。特にイギリスには王室もあることから、いま戦争を終結すれば、国体は維持できるものと考える。しかし、戦争終結を一日延ばしにしておくと恐ろしいのは、国内から起こる革命である。そうなれば、国体、すなわち天皇家の存続は危うくなる……。

いまアメリカやイギリスに謝ってしまったほうがいい。そうしないと、物がない、生活が苦しいということで国民が一挙に立ち上がって、ロシアのように革命が起こる可能性がある、と天皇に伝えたわけです。

昭和二十年の二月の段階で、天皇はすでにこの戦争の行く末に危惧を抱いていたことがわかります。

ここでやめればよかった。そうすれば東京大空襲も沖縄戦もなかった。原爆も落ちなかったし、ソ連の参戦もなかった。

しかし、天皇はこう答えました。「もう一度戦果を上げてからでないと近衛の言うようにはできないだろう。少しがんばろう」

和平に持ち込むにしても、沖縄決戦で徹底抗戦し、アメリカがひるんだところで和平に持ち込もう。そうすれば、最低限、国体は維持される。

それにしても重臣たちは当たりさわりのないことを言っていますね。おそらく天皇は、この時期、たいへん孤独だったにちがいありません。そういえば、ヒットラーは毎日、二、三本、映画をみていたようです。ナチ親衛隊員でヒットラーの映写技師のエッタ―・カンプはこう証言しています。

「アステアの『ブロードウェイ・メロディ』、ディズニーの『白雪姫』が好きでした。……国民に禁じていたフランス映画や『風と共に去りぬ』もみていました」(ラクー・ラバルト著、浅利誠・大谷尚文訳『政治という虚構』藤原書店)

天皇もじつは映画が好きでした。週に一回は映画をみていたそうです。

余談を切り上げて本筋にもどりますと、天皇にとって、一番大事だったのは、「大日本帝国憲法」の第一条でした。

〈第一條　大日本帝國ハ萬世一系ノ天皇之ヲ統治ス〉

天皇にとっては、万世一系の天皇を自分の代でなくしてしまうわけにはいかない。もし日本が天皇制でなくなったら、ご先祖様に申し訳ないということなのです。

したがって、天皇の側近たちも、たとえ戦争に負けても、この第一条をどうやって死守するか、そればかり考えていたと言って間違いありません。

さらに、そこに軍部がつけ込みます。

天皇は政治家であると同時に、軍人でもあったわけです。同じく「大日本帝国憲法」の第十一条を見てください。

〈第十一條　天皇ハ陸海軍ヲ統帥ス〉

「統帥」というのは、すべてまとめて率いる意味ですから、日本軍がどう戦うかすべて天皇の一言で決まるわけです。

立憲主義というのは、まず「憲法」を立て選挙をして国民の代表を選び、その代表者が議会で討議して、国の方針を決めることです。

ところがその「憲法」の中身は、前に申しましたように「天皇大権」ですから、すべての軍事の大事な問題は議会を通らずに、天皇によって決められる。

いま問題の日米新ガイドラインがなぜ危険かというと、それなんです。国にとって大事な問題が起こっても、議会を通らないで議会の外で、アメリカの制服組と日本の制服組が日本の運命を決めてしまうことです。

当時、一応、内閣はあるものの、陸軍大臣、海軍大臣は現役の将官が務めるようになってきますから、軍の言うことを聞かないと内閣は組閣できないことになります。こうして内閣は軍部の鼻息をうかがうようになる。

統帥権は、統帥大権あるいは軍令大権ともいわれておりまして、天皇の大権の一つです。ひとことでいえば、軍隊を指揮統率する権力が天皇にあるということです。

形式としては、天皇が作戦命令を発する。その命令を幕僚長である参謀総長、軍令部総長が受けて、受令者に伝達する。公示する必要はありませんから、国家の軍事上の大問題が、この閉じられた「管」を動くだけです。そして右のようなわけですから、形式としては軍事上の全責任が天皇にある。そこで七人の重臣への下問ということになったわけです。そうこうするうちに東京は大空襲に遭います。昭和二十年三月十日のことでした。

天皇動座

六月上旬、天皇は混乱の極にありました。すなわち、六月八日の御前会議で、ドイツ

降伏後の基本国策が決定されますが、それは、

〈七生尽忠の信念を源力とし、地の利、人の和をもってあくまで戦争を完遂し以て国体護持し、皇土を保衛し、征戦の目的の達成を期す〉

というものでした。つまり戦争指導者層は本土決戦の決意をかためたのです。もちろん天皇はこの方針を裁可しました。

ところが翌九日、木戸幸一内大臣が天皇に「和平のための方策」なるものを提出しました。その内容は、

一、天皇の親書を奉じた特使をソ連に派遣する。
二、世界平和のために忍びがたきを忍ぶ。
三、名誉ある講和を結ぶ。

この提案に対する天皇の答えはこうでした。

「やってみるがよかろう」

まったく矛盾している。混乱していたとしか思えない。

ところで天皇はひそかに特命巡察使を放っていました。前台湾総督で軍事参議官の長谷川清海軍大将（一八八三―一九七〇）に、全国各地を査察させていたのですが、その長谷川清が三カ月ぶりに帰京して、さっそく見聞きしてきたことを天皇に報告します。つまり天皇は軍部の、「本土決戦の準備は万全」という言葉を信用していなかったのです

ね。そこで腹心の長谷川大将に査察を命じたわけです。

さて各地の兵器廠、鎮守府、航空基地その他を見て回ってきた長谷川大将の報告はこうでした。

「……古い自動車のエンジンを取り付けた間に合わせの小舟艇、そしてそんな簡単な機械すら十分に操縦できない訓練不足の年若い隊員、漁師のおかみさんたちの掘った、いい加減な陣地……。そういうものしか用意されていません」

天皇は、

「そんなことであろうかと想像はしていた。お前の説明でよくわかった。本当にご苦労であった」

ほかにも、満州と支那の兵力は、すべてを合わせても米国の八個師団ぐらいの戦力しかありません。しかも弾薬保有量は近代式の大会戦をやれば一回分しかありませんという報告も入っていて、これらの報告に打ちのめされた天皇は、今でいえば神経性胃炎を患って、開戦以来休んだことのない政務を初めて二日間休みます(以上、レスター・ブルークス著、井上勇訳『終戦秘話』時事通信社、および侍従武官『野田六郎日記』、同『尾形健一日記』から合成)。

こうして天皇はようやく本式に和平を考えはじめますが、ここまででよくわかるのは、統帥権というシステムがすでに完全に破産してしまっていることです。何の情報も上がってこないし、そのせいもあって、天皇は何の命令も下せない。下す能力がない。こうした戦争指導層の混乱がつづく間も、戦地で、そして内地で、ぞくぞくと「赤子(せきし)」たちが死んでいっていました。これこそ本当の無駄死です。

ところが、陸軍省の中堅エリートたちはとんでもないことを考えていたのです。

一九四五(昭和二十)年六月、陸軍省の軍事課のエリート課員たちが次のような途方もない本土決戦計画を立案しました。

それによると、本土上陸連合軍の三分の一を沖合いで叩きつぶす。さらに上陸時に三分の一を肉弾戦で殲滅(せんめつ)する。残る三分の一は、わざと、上陸させ、本土に引き摺り込んで徹底的に戦う。つまり、日本本土を戦場にしたゲリラ戦を挑もうというわけですね。特命査察使の長谷川清海軍大将の三カ月間の内偵報告からも明らかなように、沖合いの連合軍を叩く戦力もない、上陸時に肉弾戦を展開する体力もない。その上、ゲリラ戦を戦うのは、少年少女と女性と老人の国民義勇軍ですから、この計画はまったくの絵空事。エリートと自称する偏執狂たちの机上の空想です。こういう狂った計画につきあわされる国民はたまったものではない。

マッカーサーもこう言っています。

「日本の兵は強い。しかし、日本の軍中央部は恐れるに足りない」(参謀本部所蔵『敗戦の記録』原書房、一九八九)

ソ連のジューコフ元帥はノモンハンのあと、スターリンの質問にこう答えたそうです。「日本軍の下士官・兵は頑強で勇敢であり、青年将校は狂信的頑強さで戦うが、高級将校は無能です」(若槻泰雄『日本の戦争責任 上』原書房、一九九五)

さて、彼等狂気集団の計画のつづきはこうです。

本土決戦中、頃合いをみて、天皇と指導者層は松代の大本営から満州に渡る。そして当時の満州の首都新京に動座する。動座、つまり天皇が移る。

当時、満州には五十万人の開拓農民がいるし、中国全土には七十万人の日本兵がいる。合計百二十万が天皇のもとに集まって、天皇をお守りする。

ソ連が後ろに控えているが、中立条約があるから攻めて来ない。しかも、いいことに、アメリカとソ連ではもともと主義が違うので、ソ連が味方になってくれる。

このあたりは、第二次世界大戦後の冷戦構造をきちんと見抜いています。都合のいいときだけ、彼等は正気に返るらしい。

では、本土はどうなるか。日本列島は戦場になるわけですから当然、当時小学校五年生だったわたしなどは死にます。

戦死する数は圧倒的に日本人が多いけれど、ゲリラ戦ですからアメリカ兵もまたたくさん死ぬ。そうなると、アメリカ本土では世論が黙っていない。

このあたりも、ベトナム戦争を先取りしています。希望的観測をするときは正気がはたらくんですね。

アメリカの世論に戦争反対の声が盛り上がったときを見計らって、上手に交渉すれば和平はうまくいき、国体を天皇を無事にお守りできる。これが陸軍省軍事課のエリートたちが考えた秘策でした(外務省編『終戦史録』)。

しかし、この案を実行に移すにしても、ソ連に話をつけておかなければなりません。当時、箱根に疎開していたソ連大使館と交渉しますが、ソ連はすでにヤルタ密約で、米英に「千島列島の割譲などと引きかえに、ドイツ降伏後二、三カ月以内に対日参戦する」と約束していますから、のらりくらりと逃げている。そこで宮廷グループは、近衛文麿を特使としてモスクワに派遣することに決め、その旨の電報を打ちますが、その日が、実は対日政策を話し合うためにベルリン郊外にチャーチル、トルーマン、スターリンが集まったポツダム会談の初日でした。

日本に戦争をやめさせるのにどういう条件をつけるべきか、会談していたのです。

もう一度、ポツダム宣言

近衛特使派遣に対するモスクワ政府の回答はこうでした。

〈……(近衛特使派遣という)日本皇帝の思召(おぼしめし)は、何等具体的提議を包含し居らず、ソビエト政府にとり特派使節近衛公爵の使命が何にあるやもまた不明瞭なり(そこでソビエト政府としては）特派使節近衛公爵についてもなんら確たる回答をなすこと不可能なり〉（外務省編『終戦史録』）。

日ソ間には中立条約があって、廃棄通告はすでにソ連から突きつけられていましたが、しかしまだ有効です。日本はこの時期そのソ連をたのみにしていましたからこれはショックでした。ソ連にも言い分はあったでしょうが、それにしてもひどい国です。

とにかく日本はあわてて、次の中立国ルートを探すのですが、もう無理です。

七月二十六日にポツダム宣言が発表されます。もう一度、一二項を見てみましょう。

〈ポツダム宣言

一二項　前記諸目的カ達成セラレ且日本国国民ノ自由ニ表明セル意思ニ従ヒ平和的傾向ヲ有シ且責任アル政府カ樹立セラルルニ於テハ聯合国ノ占領軍ハ直ニ日本国ヨリ撤収セラルヘシ〉

これが七月二十八日に日本に流れてきますが、ときの鈴木貫太郎（かんたろう）首相はこれを黙殺します。

この鈴木首相の「ポツダム宣言黙殺」演説をわたしは実際にラジオで聞いています。当時、わたしはちょうど夏休みの宿題がＮＨＫのラジオの報道を毎日聞いて書き起こすことだったので、この鈴木首相のポツダム宣言黙殺が、とても印象に残っているわけです。

日本が黙殺したので、アメリカには原爆を落とす理由ができました。八月六日広島に、八月九日長崎に原爆が投下され、八月八日にソ連が対日宣戦布告を行います。

二つの原爆が太平洋戦争を終結させたのだとアメリカ人がよく言います。だから原爆投下には正当な理由がある、と。それは必ずしも正しくはない。たしかに原爆には大きな衝撃と計り知れない被害を受けましたが、和平への窓口が閉ざされてしまった上、背後に強敵が現われたことの方が、日本の戦争指導者層の愚鈍な希望を決定的に奪ってしまったのでした。

それにしても、鈴木貫太郎首相がすぐにポツダム宣言を受諾しておけば、戦争は七月に終わっていた。そうしていれば、原爆投下もなかったし、また中国の残留孤児もなかった。なぜ、日本政府は黙殺したのでしょうか。ここでも日本は「大日本帝国憲法」の第一条にこだわったのです。

その証拠に、八月十日、中立国を通じて、日本は連合国側に「ポツダム宣言」受諾の文書を送りますが、その中身はこうでした。

〈天皇ノ国家統治ノ大権ヲ変更スルノ要求ヲ包含シ居ラザルコトノ了解ノ下ニ受諾ス〉

つまり、こういうことです。

「この間のポツダム宣言は、天皇の国家を統治する権利を変えろという要求がないものと了解して受諾しましょう」

連合国側は次のような回答を寄せてきました。

〈聯合国側回答(抄)

……日本国ノ最終的ノ政府ノ形態ハ「ポツダム」宣言ニ遵ヒ日本国国民ノ自由ニ表明スル意思ニ依リ決定セラルヘキモノトス〉

「天皇制にこだわっているようだが、天皇制をそのまま続けるか、廃止するかは、日本国民が決めるべきことだ」と言うのです。

私の小説『東京セブンローズ』(文藝春秋)でＧＨＱの一部に実際にあった日本語のローマ字化計画を扱っていますが、それも最後はマッカーサーの「日本語の問題は、日本人が決めればいい」という一言で解決するのです。その国のことは、その国の国民が決めればいい。これが当時のアメリカの方針でした。いまのアメリカとはずいぶん違いますね。

ここで大事なことは、一時期とはいえ、日本は世界の平和を達成するために懸命に努力したということ。言いかえますと、世界中の国々が戦争を放棄しようという世界史の中の輝かしい瞬間に日本もまた立ち会っているのです。

しかし、その日本が戦争に突入していってしまう。なぜ、突入せざるを得なかったのか。その原因は、実はそうなるべき装置が「大日本帝国憲法」のなかに内蔵されていたということです。そして、昭和二十(一九四五)年になっても「大日本帝国憲法」の第一条に最後までこだわったために、戦争の終結が遅れ、被害が甚大になりました。

ポツダム宣言をまだ条件付きで受諾した日本は、敗戦を迎え、これがもうひとつの憲法「日本国憲法」の誕生へと続いていくわけです。

「憲法」がいかに大事か。

日本の敗戦を通して、そのことをわたしたちは学んだと言っていいでしょう。

4 日本国憲法ができるまで

降伏文書調印

昭和二十(一九四五)年の九月二日、東京湾でアメリカ戦艦ミズーリ号艦上で連合国代表と日本代表が降伏文書にサインをしました。

〈降伏文書(抄)

署名 一九四五年九月二日(東京湾)

……(聯合国九カ国は日本国に)ポツダム宣言の条項を誠実に履行すること、並に右宣言を実施する為聯合国最高司令官又は其の他特定の聯合国代表者が要求することあるべき一切の命令を発し、且かかる一切の措置を執ることを天皇、日本国政府及其の後継者の為に約す〉

連合国の九カ国というのは、アメリカ合衆国、中華民国、イギリス、カナダ、フランス、オーストラリア、オランダ、ニュージーランド、ソ連です。

このときに、マッカーサーがミズーリ艦上で行った演説があります。格調が高く、やがて日本国憲法に流れていく思想が入っています。

「この厳粛な式を転機として、流血の過去から、よりよい世界、信頼と理解の上に立つ世界、人間の尊厳と人間が最も渇望している自由、寛容、正義の完成をめざす世界が生まれてくることを、私は心から希望している。それはまさに全人類の希望でもある」

これは当時のマッカーサーだけでなく、アメリカ、そして連合国あるいは世界の心ある人たちの願いだったのではないか。

この演説は、当時の全世界の人びとの「これからの世界はかくあってほしい」という祈りにも似た願いを代弁するものでした。当時、小学校五年生だったわたしにも、この願いの切実さがよくわかります。

今度、第三次世界大戦が始まるようなことがあったらもうおしまいである。これからはお互いが信頼しあって、人間の基本的人権を大事にしよう。人類の究極の目標である自由、寛容、正義を備えた世界がこの調印によって生まれてくることを希望している。この調印そのものが、全人類の希望である……。

これは英語で読むと格調高い演説です。そして連合国が日本に要求していたのはこの演説に合うような憲法でした。

「日本人はこのたびの敗戦をしっかりと受けとめて世界の思想の流れに沿ったような憲法をつくってくれるだろう。また、そういう憲法をつくらないと日本は国際社会にもう一度加わることができない」

マッカーサーは演説しながら日本の政府がどういう憲法改定案をつくってくるかを待っていたのです。

天皇の「人間宣言」

ところで前にも触れましたが、昭和二十一（一九四六）年一月一日に、天皇は「人間宣言」なるものを発しました。

〈……朕ト爾等（なんじら）国民トノ間ノ紐帯（ジュウタイ）ハ、終始相互ノ信頼ト敬愛トニ依リテ結バレ、単ナル神話ト伝説トニ依リテ生ゼルモノニ非ズ。天皇ヲ以テ現御神（アキツミカミ）トシ、且日本国民ヲ以テ他ノ民族ニ優越セル民族ニシテ、延テ世界ヲ支配スベキ運命ヲ有ストノ架空ナル観念ニ基クモノニモ非ズ。〉

この宣言を読むと、それまでの天皇と国民との関係が宣言とはまったく逆の「神―民草／世界に冠たる大和民族」と、まったく逆だったことがはっきりわかります。これは前にも申しあげました。つまり、「天皇は生き神様である。その生き神様の万世一系の一家が続いていて、そういう神様をいただいている日本は世界の民族よりずっとすぐれた民族である。やがては日本国民を中心にして世界を支配して一つの家になって……」ということだった。ところがそれが「嘘でした」ということになったわけです。わたしは『人間合格』という芝居で、この天皇の「人間宣言」を、

「あ、おれ、人間だったもね」

と津軽弁で書きました。この場面はどっと受けます。当時の日本人がどうしてこんな不思議なことを信じていたのか。それが信じられないからこそ観客は笑うのでしょう。ただ、こういう不思議なことを信じて、多くの日本人が死んで行き、アジアの人びとが巻き込まれて行った。そのことに思い当たると、笑いはたちまちのうちに凍りついてしまうのですが。そして、この途方もない虚構を支えていたものこそが、大日本帝国憲法を悪用したみせかけの立憲君主制、つまり絶対君主制だったのです。

「昭和二十一年二月二十六日」という日付け

日本国憲法の成立経過を考えるときに、忘れてはならない日付けがありまして、誰が考えてもそれは敗戦翌年の、昭和二十一年二月二十六日になるはずです。

日本占領管理の総責任者といえば、たいてい連合軍最高司令官のマッカーサー元帥の名前と顔を思い浮かべてしまいますが、それは少なくとも半分ぐらいは間違えている。日本占領管理の、最高決定機関はワシントンの旧日本大使館に設立された極東委員会(Far Eastern Commission; FEC)でした。

この機関は、

〈……一九四五(昭和二十)年十二月二十七日の英・米・ソ三カ国外相会議の決定に

基づいて設置され、翌四六(昭和二十一)年二月二十六日の第一回会合から活動を開始し、一九五二(昭和二十七)年四月二十八日のサンフランシスコ平和条約の発効をもって廃止された。(略)極東委員会が設置されるまでは、実質的には米国政府および連合国最高司令官兼アメリカ太平洋陸軍総司令官ダグラス・マッカーサー元帥が管理権を行使した。極東委員会の構成は米、英、ソ、(その後に)中、豪、仏、オランダ、インド、カナダ、ニュージーランド、フィリピンの十一カ国であり、のち、ビルマ、パキスタンが加わって十三カ国となった。その任務はポツダム宣言の規定する降伏条項の実施について、軍事事項・領土問題を除き、政策と原則の作成、連合国最高司令官の政策実施の見直しなどとされた。……〉(竹前栄治・中村隆英監修『GHQ日本占領史・第一巻』日本図書センター、一九九六。傍線は引用者)

この引用で、たいていの皆さんが事(こと)の真相を推察なさったでしょう。そうなんですね。米国政府とマッカーサーは日本を「アメリカ好みの日本」に仕立て上げたいと思った。しかし極東委員会でソ連が異議を申し立てると厄介だ。そこでマッカーサーたちは、極東委員会が活動を始める前に、すなわち一九四六(昭和二十一)年二月二十六日までに、新生日本の基本構造を決めてしまおうとしたのです。事実、マッカーサーは極東委員会が活動する前に、特高警察を解体し、戦犯を逮捕し、公職追放を実施してしまいました。そしてもちろん最大の案件は憲法改正でした。米国政府とマッカーサーは、占領の費用(コスト)

を節約するために、天皇をのこし、やがて開かれるはずの極東国際軍事裁判（いわゆる東京裁判）に天皇を引き出さないこと、すなわち天皇免責を決めていました。ただし、「天皇からすべての権力を剝ぎ取って型式だけのこす」という条件の下にではありますが。

このような型式であっても、天皇免責となれば、ソ連や中国やオーストラリアやオランダから猛反発をくうことはたしかです。そこで、日本人の手によってうんと「民主的な憲法」をつくってもらいたい。米国政府とマッカーサーはそう願っていた。別にいえば、敗戦日本が芯から自己批判を行って、「戦争はもうゴメンだ。紛争のない世界を構築しないかぎり世界に未来はない」という時代の濃い空気を忠実に映した憲法ができれば、ソ連などの追及をかわすことができる。（権力を抜いた）天皇制も温存できる。――これがマッカーサーたちの意図であり、願いだった。

ところが、日本の指導者層は例によって例の如くなかなか神輿（みこし）をあげない。マッカーサーは、幣原喜重郎（しではらきじゅうろう）首相を呼んで、

「早く新しい憲法をつくらないといけない」

と言います。

幣原内閣には、松本烝治（じょうじ）という国務大臣がおりました。当時の日本で最高の弁護士です。

この松本国務大臣を中心に「憲法問題調査委員会」が設置されたのが、十月二十七日

です。

それから憲法ができるまでには、さまざまなことがありましたが、その経過の大筋（あらまし）を長谷川正安先生の『占領と憲法制定』は次のようにいっています。

〈……幣原内閣の憲法改正準備作業で、日本側に自主性がみとめられていたのは、昭和二〇年一〇月一一日のマッカーサー・幣原会談から翌二一年二月八日、松本案の司令部への提出までである。この時期、同内閣は、松本烝治国務大臣を中心に憲法問題調査委員会(一〇月二七日発足)で草案の内容を検討した。

司令部は提案された松本案を、すでに発表されていた民間の憲法草案と比較検討した結果、「最も保守的な民間草案よりも、さらにずっとおくれたもの」であると判断した。……この司令部の判断は的確であった。松本案は天皇制をそっくり温存し、「天皇ハ神聖ニシテ侵スヘカラス」という問題の明治憲法第三条の「神聖」を「至尊」に代えるという子供だましのような作業をしていた。貴族院も枢密院ものこっている。臣民の権利については、「国民の権利を減じ、その義務を増加せしめている。絶対的な保障はなにも規定されていない」と司令部が判断するほど時代錯誤のものであった。司令部がこれを全面的に拒否したのは当然である。〉

毎日新聞のスクープ記事

昭和二十一年の二月一日、毎日新聞が「松本案（憲法改正政府試案）」をスクープしました。

大騒ぎになりました。この情報を、誰がもらしたのかはっきりしてません。一説に、吉田茂が、世の中の反応――とくに占領軍の反応を見ようとしたのではないかという。また、その吉田茂にそういう策を授けたのは総司令部ではないかという説もある。これはじつにありそうなことです。しびれを切らしたマッカーサーが次の段階へ進むために、こういう非常手段を採った――と、わたしは信じています。

その毎日新聞の見出しは、

「天皇の統治権不変　内閣は議会に責任」

日本の統治権、つまり主権が依然として天皇にある。大日本帝国憲法をちょっと手直ししたようなものが発表された。

大日本帝国憲法の、「天皇は神聖にして侵すべからず」という第三条は、その「神聖」を「至尊」にかえただけ。国民の権利も認めてません。

ですから、マッカーサーたちから見れば、

「ポツダム宣言を受諾しておいて何だ。何も変わっていないではないか」

ということになります。

ポツダム宣言には「身分制度などは全部なくしなさい」という一項があります。それが戦争をやめる条件でした。ところが貴族院も枢密院も残っている。もっとも重大なのは国民の権利の保障が何も強化されていない。

憲法研究会の「憲法草案要綱」

では、当時、政党や民間では一体どういう憲法草案をつくっていたのでしょうか。その中のいくつかをここにあげてみましょう。

昭和二十年十二月二十六日に発表された、憲法研究会の「憲法草案要綱」があります。これは、当時、一番いい案だと言われていたもので、メンバーは、マルクス学者の室伏高信、保守正流の人でやがて読売新聞社の社長になる馬場恒吾、社会党系の高野岩三郎、中道左派で後の文部大臣森戸辰男、そして在野の憲法研究者だった鈴木安蔵など、イデオロギーを超えて日本の未来を心配する人たちが「こういう憲法がほしい」と提案したもので、主なところを紹介します。

〈一、日本国ノ統治権ハ日本国民ヨリ発ス〉

〈一、国民ハ法律ノ前ニ平等ニシテ出生又ハ身分ニ基ク一切ノ差別ハ之ヲ廃止ス〉

政府の松本案とは、大きく違いますね。

日本自由党の「憲法改正要綱」案

当時の日本自由党の「憲法改正要綱」(昭和二十一年一月二十一日)はこうです。

〈一、統治権ノ主体ハ日本国家ナリ
二、天皇ハ国ノ元首ニシテ統治権ノ総攬(そうらん)者ナリ
三、天皇ハ万世一系ナリ
四、天皇ハ法律上及政治上ノ責任ナシ
五、天皇ノ大権
　法律ノ裁可及公布
　議会ノ召集、開会、閉会、停会及衆議院ノ解散
　官吏ノ任免
　外交
　栄典ノ授与
　恩赦
六、国民ノ権利(思想、言論、信教、学問、芸術ノ自由)ハ、法律ヲ以テスルモ猥(ミダ)リニ之ヲ制限スルコトヲ得ズ〉

「統治権の主体は日本国家なり」「天皇は統治権の総攬者なり」「天皇は万世一系なり」「天皇は法律上及政治上の責任なし」、そして第五項にはまだたくさん天皇の大権が用意されている。一方、「国民の権利は法律を以てするも猥りに之を制限することを得ず」。

依然として「法律を以て国民の権利は制限する」ということですね。これでは明治憲法とほとんど同じと言っていい。

日本進歩党の「憲法改正」案

次に日本進歩党。発表は二月十四日で、スクープのあった後ですが、

〈一、天皇ハ臣民ノ輔翼ニ依リ憲法ノ条規ニ従ヒ統治権ヲ行フ〉

〈一二、住所ノ不可侵、信書ノ秘密、信教、言論、著作、印行、集会、結社ノ自由ノ制限ノ法律ハ公安保持ノ為必要ナ場合ニ限リ之ヲ制定スルコトヲ得〉

やはり臣民の助けが必要だとは言いながらも「天皇に統治権」を与えています。それからさまざまな国民の自由は、公安保持の場合は制限することができる。これも従来とあまり変わりばえしない。変わりばえしないこの自由党と進歩党が一つになって、やがて自民党ができます。

日本社会党の「新憲法要綱」案

日本社会党案の「新憲法要綱」もあります。制定は昭和二十一年の二月二十三日、やはり毎日のスクープの後です。

〈主権は国家(天皇を含む国民協同体)に在り〉

〈統治権は之を分割し、主要部を議会に、一部を天皇に帰属せしめ、天皇制を存置す〉

まだまだ思い切ったものではありませんね。その後の社会党の体質そのままです。

日本共産党の「新憲法草案」

日本共産党案はどうでしょうか。「新憲法の骨子」というものが昭和二十年の十一月十日に出ています。これは憲法草案の一番早い時期なんですが、はっきりと、

〈一、主権は人民にある。〉

〈六、人民の生活権、労働権、教育される権利を具体的設備を以て保証する。〉

主権在民と権利の保障とをはっきりと掲げています。

こうして紹介してきましたように、在野には、さまざまな憲法草案がありました。当時は、民間でも普通の人たちが一所懸命憲法をつくった時期があります。わたしはまだ小学六年生でしたが、五条ぐらいまでつくりました。ですから、日本中、憲法ばやりでした。

ＧＨＱ民政局のマイロ・Ｅ・ラウエル法規課長は、こういうものを根気よく集めていましたし、また、先ほど紹介した憲法研究会は例の草案をラウエル課長に提出したりもしていました。ラウエル課長はこの憲法研究会案を、「国民主権、さまざまな差別禁止

事項、労働者保護、国民投票制度など、いちじるしく自由主義的な諸規定である」と高く評価しました。

ここまでをちょっとまとめてみましょう。

マッカーサーたちは占領管理の費用(コスト)を少なくすますために天皇制を利用しようとしていた。天皇制を残すには、極東委員会が活動を始める一九四六年二月下旬までに、「日本はたしかに新しく生まれ変わろうとしている」と宣言をする必要があった。また当時の世界の人々の平和への祈りというものもあり、かつての日本が、外向きの顔であるにしても、世界平和構築の柱の一本をつとめたことがあるという事実もあった。さらに戦後、民間にいくつも新しい憲法草案が編まれ、中には日本国憲法を先取りする内容のものもあって、GHQの民政局が、そういった民間の新しい息吹きを吸い上げようとしてきた。

しかし残念なことに政府の「憲法問題調査委員会」がつくった憲法草案は、こういった情勢をまったく勘定に入れていなかったのです。

三省調整委員会(SWNCC)

ここで話はさかのぼりますが、アメリカのワシントンでは、昭和二十(一九四五)年の六月十一日に、日本の占領政策を決定するための国務省、陸軍省、海軍省の「三省調整委員会（SWNCC）」が設置されていました。SWNCCというのは三省調整委員会の略称です。

国務省・陸軍省・海軍省の三つの省の次官クラスがメンバーですから、決定事項は重んじられます。アメリカでは、日本を占領した場合にどうするかを、すでにこの調整委員会で議論していたのです。

アメリカ国務省では、開戦時に駐日大使をしていたジョセフ・グルーが国務長官特別補佐官をつとめていました。グルーは、開戦時には東京にいましたが、翌年に人質交換船でアメリカに帰って、国務省のナンバー2になっていたのです。グルーは日本をよく知っていました。さらに日本に好意を持つ次官クラスを集めて、この調整委員会をつくって占領政策を練っていたのです。

さて、委員会は昭和二十一年一月七日に「SWNCC二二八号」という指令を出します。三省調整委員会が出している指令は、一月七日で二二八号ですから、平均すると毎週数回は出ていたことになります。調整委員会で決めたアメリカの方針が、総司令部のマッカーサーに伝えられてくるわけです。

〈指示SWNCC二二八号「日本の統治制度の改革」（合衆国国務・陸軍・海軍三省調整委員会）一月七日

……選挙民を完全に代表する立法府と、それに責任を負う行政府が期待され、現

在の形での天皇制の保持は、前掲の一般的諸目的と両立するとは考えられない。〉

この時期のマッカーサーは、もちろん自分の意思だけでやっていたわけではありません。本国の調整委員会で決めたことを、マッカーサーの個性でどういうふうに実行するかということでした。こうしたアメリカの方針があって、マッカーサーとしては、「天皇の権力は剝奪する。しかし、地位は残す」とはっきり決めるわけです。

大日本帝国憲法では、天皇にすべての権力があった。その権力が軍部と結びついたから、あんなひどい軍国主義になった。そこで天皇から権力を剝奪して、地位は残そうと考えていたのです。しかもマッカーサーは、占領政策には、天皇が必要だと考えた。「天皇は二十個師団に相当する」という談話が記録に残っています。

マッカーサー・ノート

マッカーサーは、日本政府の憲法案を見て、これではとても天皇の免責は不可能であると考えました。

そこで昭和二十一年二月三日、「マッカーサー・ノート」を書きます。これはマッカーサーが書いたのか、民政局長のホイットニー准将が書いたのか、わかっていません。ホイットニーはジョージ・ワシントン大学ロースクール出身の弁護士で、マッカーサーを尊敬していました。尊敬するあまり、筆蹟までマッカーサーのを真似ていましたので、どっちが書いたのかわからないんですが、マッカーサーが話して、ホイットニーが筆記したのではないかといわれています。

いずれにせよ、日本人に任せていては駄目だ。模範答案を日本人のために書いておこうということになりました。これが「マッカーサー・ノート」です。

〈一

天皇は国家の元首の地位にある。

皇位は、世襲される。

天皇の義務と権能は、憲法の定めるところにしたがって行使され、人民の基本的意思に対し責任を負う。

二

国家の主権的権利としての戦争は廃止される。日本は、紛争解決のための手段としての戦争のみならず、自国の安全を保持するための手段としての戦争をも放棄する。日本はその防衛と保守とを、今や世界を動かしつつある崇高な理想に委ねる。

いかなる日本陸海空軍も決して許されないし、いかなる交戦者の権利も日本軍には決して与えられない。

三

日本の封建制度は、廃止される。
皇族を除き華族の権利は、現在生存する者一代以上にはおよばない。
華族の授与は、爾後どのような国民的または公民的な政治権力を含むものではない。
予算の形態は、英国制度に倣うこと。〉

まず第一が、「天皇は国家の元首の地位にある」。この「元首」と翻訳した英語は「ヘッド」でした。しかし、「元首」と「ヘッド」ではずいぶん違います。後になって「元首」では誤解がある。単なる「ヘッド」だということになりました。とにかく、「天皇は国家のヘッドの地位にある」ということですね。

次に、「天皇の義務および権能は、憲法に基き行使され、憲法の定めるところにより、人民の基本的意思に対し責任を負う」とあります。それまで天皇大権がありました。これは軍人や、軍の指導者の言うことに、天皇が「よろしい」と言えば何もかも全部OKということになった。それを止めた。それが、「日本国民に責任を負う」ことですね。しかも「義務と権能は憲法で指定される」。

これで、本当の「立憲君主制」になる。つまり君主の権能を憲法がチェックするという基本に戻るわけです。

二番目は、「国家の主権的権利としての戦争を廃棄する。日本は紛争解決のための手段としての戦争、および自己の安全を保持するための手段としてのそれをも、放棄する」。「戦争放棄に関する条約（パリ不戦条約）」をそっくり使ってます。

また、戦争を放棄して、日本はどうやって自分を守るのか。

マッカーサーは、この問題については、この前年にできた「国連憲章」をそっくり使ってます。つまり「その防衛と保護を、今や世界を動かしつつある崇高な理想に委ねる」というわけです。

マッカーサーとしては、徹底的に日本の軍国主義の芽生えさえも全部抜いてしまおうとしたんです。しかしその一方で、当時の世界的な理想主義であった「国連憲章」をそっくり持ってきています。そして、「いかなる日本陸海空軍も決して許されないし、いかなる交戦者の権利も日本軍には決して与えられない」。これで、アメリカはじめ連合国が日本の陸空海軍を徹底的に叩いておかないと駄目だと考えていたということがわかります。いずれにせよ、ここで重要なことは、「国連憲章」と「不戦条約」を使っているということですね。

三番目の「日本の封建制度は、廃止される。皇族を除き華族の権利は、現在生存するもの一代以上にはおよばない」「華族の授与は、爾後どのような国民的または公民的な政治権力を含むものではない」。日本の松本案では、貴族院は参議院と名前を変え、枢密院もまだ残そうとしているわけです。しかし、そういうことはいけない。「封建制度と身分制度をここで廃止する」と明記しています。「予算の形式は、英国制度に倣うこと」。ずっと日本はイギリスの予算制度を受け継ぎましたから、これはこれでいいと思います。

マッカーサーは、二月三日の日曜日にこのメモをホイットニーと一緒に書きました。

チャールズ・L・ケイディス陸軍大佐

連合国総司令部には、さまざまな部署がありました。中心的な部署は民政局で、「日本民主化の中枢」(竹前栄治)です。民政局は総司令部のある第一生命ビルに入って、マッカーサー直属として、警察改革、地方分権化、選挙制度改革など、日本の民主化を進めていました。

民政局の実務の責任者は、次長のチャールズ・L・ケイディス陸軍大佐、コーネル大学を出てから、ハーバードのロースクール(大学院)で法学博士号を取りました。それから、アメリカ財務省の副法律顧問をしていました。

民政局の動き

まず二月三日、日曜日。「マッカーサー・ノート」が書かれた日ですが、ケイディス陸軍大佐は、ホイットニー准将から呼び出されて、宿舎の第一ホテルから第一生命ビル六階のホイットニーの部屋に入ります。局長の命令はこうでした。

「スクープされた松本政府案はきわめて保守的で天皇の地位に対して実質的な変更を加えていない。この案ではいけないとマッカーサー将軍と話し合った。来週の十二日の火曜日に日本側との会議があるので、この時までに模範答案をつくれ。これからの一週間はこの民政局が憲法制定会議の役を果たすことになる。マッカーサー将軍は、この憲法を日本人が作ったものとして認め、日本人の作ったものとして全世界に公表するだろう」(『マイロ・E・ラウエル文書』)

もちろん、その骨子になるのが「マッカーサー・ノート」でした。まず、「運営委員会」が組織されました。

チャールズ・L・ケイディスが運営委員会のヘッドです。日本国憲法前文を担当したアルフレッド・R・ハッシー海軍中佐。それからさっき言いましたマイロ・E・ラウエル陸軍中佐法規課長の三人です。すべて弁護士です。

それから、ルース・エラマンは秘書も兼ねた通訳です。シンシナティ大学からシカゴ大学へ進みロンドンのアメリカ大使館員をしていました。のちにハッシー海軍中佐と結婚しました。

この運営委員会の下に民政局員が、七つの小委員会に割りふられます。これは、明治憲法の構成・章立てに則っています。

民政局の人々

民政局のスタッフには、日本に詳しい局員が揃っていました。たとえば、リチャード・プール海軍少尉の曽祖父は初代の函館総領事でしたし、彼自身、横浜生まれで六歳まで横浜や神戸に住んでいました。

サイラス・ピーク博士は戦前に二年間、上智大学で法律学を教えています。

ハリー・エマーソン・ワイルズ博士も大正末(一九二六)年に慶応大学の教壇に立っていました。二年間、経済学の講座を担当していた。そこで彼は慶応大学の図書館へ飛んで行って、欧文で書かれた法律関係の資料を借り出しました。

それから、ベアテ・シロタのお父さんはレオ・シロタという有名なピアニストです。ロシア系のユダヤ人で、世界を演奏旅行しているときに作曲家の山田耕筰と知り合い、一九二八(昭和三)年、ちょうど戦争放棄に関する条約が締結された年、日本に演奏旅行にやってきて、そのまま十年間東京音楽学校、いまの芸大の教授をつとめました。お嬢さんのベアテは五歳から十五歳まで日本で暮らしますが、アメリカの女子大学で勉強しました。戦争が始まると、ロシア系ユダヤ人の両親は軽井沢に勾留されてしまいます。そこでベアテは戦後、両親に会いたい一心で日本勤務を希望、来日して民政局に入って、この「人権に関する小委員会」ではたらくことになったのでした。

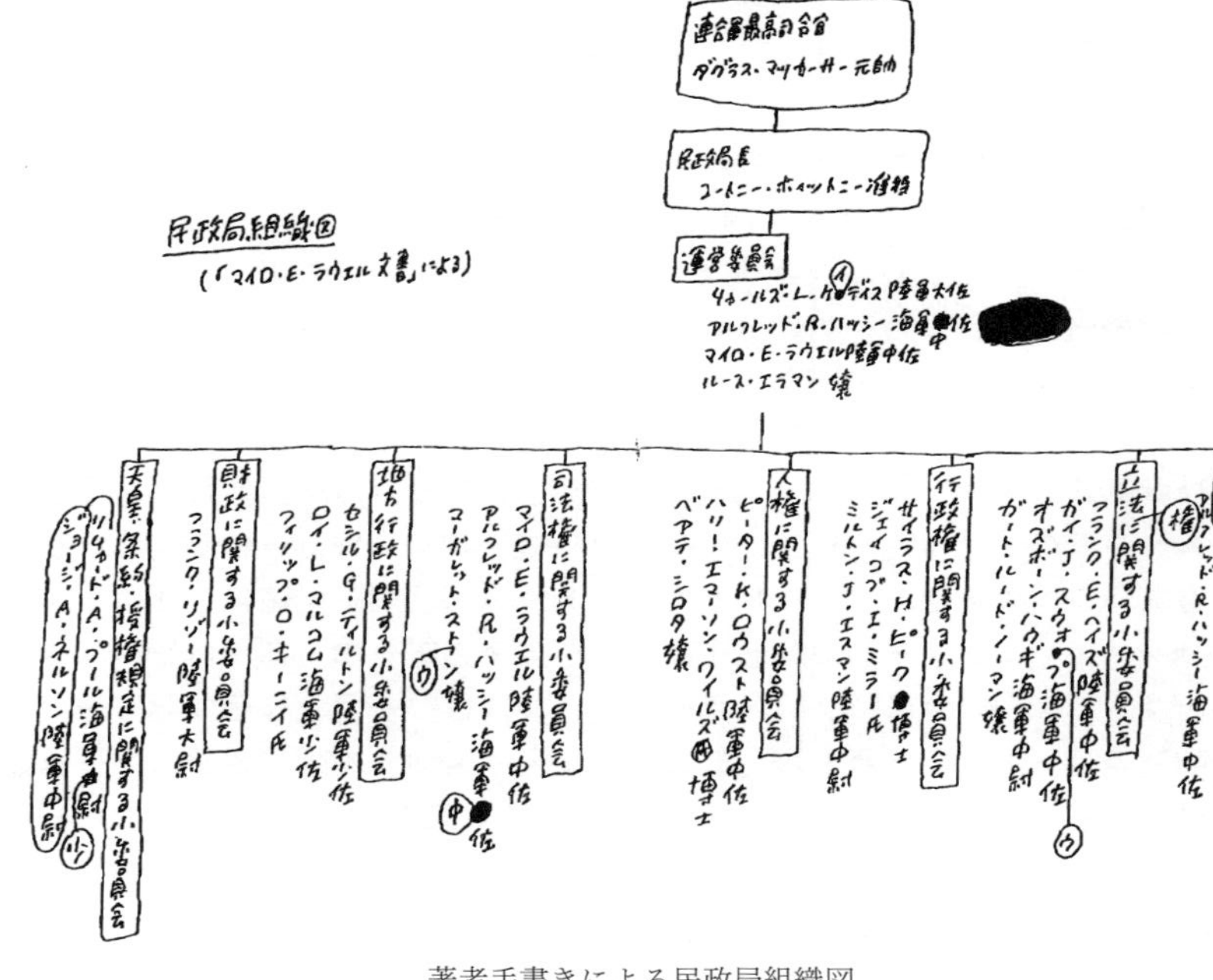

著者手書きによる民政局組織図

竹前栄治先生は、全五十五巻の『GHQ日本占領史』(日本図書センター)の総合解説(第一巻「GHQ日本占領史序説」)で、こう指摘されています。

〈……(GHQの)典型的な局長のプロフィールを描き出すとすれば、年齢は五十歳、職業軍人、階級は将官クラス、文官の場合は、高学歴といった人間像が浮かび上がる。……課長像は、四十歳の文官で、高学歴のスペシャリストといったところであろう。このことは、日本占領を成功させた一因とみてよかろう。……もちろんスタッフのなかには権威主義的でつまらぬ人間もいたが、占領体制という特殊な状況のなかでは、概してスタッフは上質であったといえよう。また、これらのスタッフは帰国後、政府機関や会社で指導的地位を占め、大学では日本学の権威者として日米関係の発展に寄与しているものが多いことは注目に値いする。〉

民政局はGHQの中枢局でしたから、竹前先生の指摘された平均的プロフィールをさらに上まわる人材が集められていましたし、帰国後もみんな立派な仕事をしています。こういうふうに、みなさんとても優秀なメンバーなんですね。続いて「司法権に関する小委員会」「地方行政に関する小委員会」「財政に関する小委員会」「天皇・条約、授権規定に関する小委員会」から秘書、通訳と全員ここで紹介できればいいのですが、そうもいきません。

一九八五(昭和六十)年一月、わたしは幸運なことにニューヨークでほんの短い間でしたが、ケイディスさんにお目にかかることができました。そのときケイディスさんは往時を偲んでこうおっしゃっていました。

「正直言って、あのときになぜ民政局にあれほど優秀な若者たちが集まったのか、いまでもわからない。本当に優秀だった」

人類がめざした理想

これまで申しあげましたように、悲惨な大戦争の直後の世界的な平和希求の濃い気分、いや、気分というような漠然としたものではありませんね。イギリス名誉革命直後の権利章典から始まって、アメリカ独立宣言やアメリカ合衆国憲法を経て、フランス人権宣言に至る百年間に形成された憲法という「宝物」のような容器に、今世紀の人類が血を流し多大の犠牲を払いながら創り上げた、国際連盟や不戦条約などに見られる、人間には平和を求める権利があるのだという思想が、新しい憲法に盛り込まれることになりました。日本の民間にも憲法研究会案で見たような権力分立と国民の権利の保障を求める声もあって、いわば、権利章典以来、人間が手に入れてきたありとあらゆる権利が、ここに結集することになりました。

もちろん、その蔭には、そのような憲法を持たぬかぎり、日本が国際社会に復帰することは叶わないだろうというきびしい現実判断がありました。また、マッカーサーたちには、天皇の見えない力を日本占領管理に利用しようという意図があり、そのために天皇免責を目論んでいっそう理想的な憲法をつくったという事実もあります。さらに米ソ対立の冷戦の影もさしています。

しかし、このことは、日本の保守指導者層にも好都合であった。なにしろこの憲法を受け入れることで「天皇」が温存できるわけですから。いずれにせよ、さまざまな利害が妙に嚙み合って、ここに奇跡的なすばらしい憲法ができあがった。わたしはそう思います。

そういえば、次のようなホイットニー民政局長のスピーチが残っています。昭和二十一(一九四六)年二月十三日、GHQからの松本案への回答を聞くために吉田茂外相や松本国務大臣が行くと、ホイットニーは、「日本案は全然受諾しがたい」と前置きして、こうスピーチしたのです。

〈最高司令官は、天皇を戦犯として取り調べるべきだという他国からの圧力……から天皇を守ろうという決意を固く保持しています。……しかしみなさん、最高司令官といえども万能ではありません。けれども最高司令官は、この新しい憲法の諸規定が受け容れられるならば、実際問題としては、天皇は安泰になると考えています。……最高司令官は、私に、この憲法をあなた方の政府と党に示し、その採用について考慮を求め、またお望みなら、あなた方がこの案を最高司令官の完全な支持を受

け た案として国民に示されてもよい旨を伝えるよう、指示されました。もっとも、最高司令官は、このことをあなた方に要求されているのではありません。しかし最高司令官は、この案に示された諸原則を国民に示すべきであると確信しております。最高司令官は、できればあなた方がそうすることを望んでいますが、もしあなた方がそうされなければ、自分でそれを行なうつもりでおります。〉（高柳賢三ほか編著『日本国憲法制定の過程』有斐閣、一九七二）

優れた憲法が持つもの

憲法論議が盛んになってきています。

「環境に関することが書いてない。情報公開に関することが書いてない。現実と合わなくなっているところが増えてきている」。それを改めるためにも、憲法は見直さなければいけない。そういう声が多い。しかし、それはトリックです。

わたしが、「日本国憲法はすばらしい憲法だ」と思うのは、あの中から環境に対する考えも、情報公開についても、すべてにじみだしてくるからです。それは、優れた憲法だからこそ持っている力です。「人権の尊重」と「国民主権」をしっかり考えると、情報公開法についてもいまの憲法で処理できます。環境問題についてもそうです。日本国憲法からにじみだしてくるものをちゃんと使えば、十分間に合うんです。

でも、憲法を変えたがってる人たちは、三本柱のうちの「永久平和」が邪魔なんです。そして、「集団的自衛権を持とう」ということですね。

「日本一国では問題があるけれども、アメリカならアメリカ、韓国なら韓国と一緒になって自衛のための戦争ならいい」

という一部だけは認めるように、憲法を書きかえなければいけないというのが、改憲論者がねらっていることです。でも、それは口実です。

「今の憲法では不利なので、変えなければいけない」というのは嘘です。真のねらいは「普通の国になりたい」という例の考えです。つまりアメリカとアメリカの覇権の下でやっていくには、どうしてもアメリカもお金がなくなってきた。これまで日本の思いやり予算の中で進めてきたものがありました。これからは、実際に日本がアメリカと一緒の軍事行動をとるということでしょうか。それは、日本国憲法に、当時の世界の最高の理想として盛り込んだものを変えていこうということです。

ドイツとイタリア

ドイツという国は、第一次世界大戦で再軍備を禁じられながら、ヒットラーのナチスドイツで復活しました。そういう歴史があります。ですから、第二次世界大戦後は、猛反省します。そして、周囲の国々に、

「ナチス時代から自分たちで自己批判をして全然違う国になりましたから、どうぞ付き合ってください」
と、ドイツ人は涙ぐましい努力をしたんですね。

日本人はどうでしょう。

ヒットラーの子息がドイツの大統領になってますか。ムッソリーニの子息がイタリアの首相になってますか。ただ、ムッソリーニのお孫さんはいま国会議員をしていますが。でも日本だけです。

わたしたち日本人に自己反省の能力がないのでしょうか。自己凝視力が欠けているのでしょうか。あの戦争で一体どれだけ内側と外側に迷惑をかけたのか。その責任をだれがどう取るべきなのか。その取るべき人がいたとしたら、その人にどういうふうに対処していくのか。そういうことを一切考えない民族なのでしょうか。日本人の手で戦争犯罪人をつかまえることができなかったのはどうしてでしょうか。イタリアでは、ムッソリーニを追い詰めて最後には処刑してしまいます。

そうやって、自分たちの間違いを正していくことを考える。ところが、日本の場合は、だんだん居直っていくんですね。本気で謝らないから、相手が納得してくれないんです。日本人が、自分の過ちを正しく認めて謝罪する。そのことで過ちを自分で乗り超える。その態度が相手の心を溶かすのに。

「そんなに謝れ謝れというのなら、謝ってやるよ。前の話し合いで金は渡したじゃないか。いつまでも謝れ謝れってうるさいよ」という態度になるから、また喧嘩になるわけですね。日本の政治家はときどきアドバルーンをあげて、

「あの戦争は、アジアを植民地主義から救った」

と言っては、世界中から批判が来るわけですね。そうやって、大臣が辞めるようなことばかりくりかえしている。ですから、われわれが考えなければならない戦後責任もあるはずです。

人間の発明

わたしが申しあげたいのは、人類普遍のことです。誰それが考えたから「押しつけ」だなどと言うのは、間違っています。人間、地球上でともに生きている仲間、その仲間が考えたことを、「ああ、人間は素晴らしいことを発明した。これはわれわれの役に立つ」ということで、みんなの共有財産として使うことがどうしていけないのか。

シェイクスピアの芝居を、イギリス人がつくったものだからイギリス人しか見ないというわけにはいかない。黒澤明監督の映画に感動したスピルバーグ監督が、「自分の映画館をつくって、いつでも黒澤映画を見ることができるようにしよう」というときに、誰も「黒澤映画の押しつけだ」とは言わない。

そうやって人間は、世界中の人たちが頑張って、人間だからこそできるものを考えたり、発明したりしてきました。それはみんなの共有財産です。

こうした例を考えてみても、押しつけ云々ということは、いかに心の狭い発言かということがよくわかると思います。

「日本国憲法」前文

「日本国憲法」の前文の冒頭は、「アメリカ合衆国憲法」の冒頭とよく似ています。「日本国憲法」の中には「パリ不戦条約」があり、「国連憲章」があり、「大西洋憲章」があり、「権利章典」があり、リンカーンの有名なゲティスバーグの名演説「人民の人民による人民のための政治」という民主主義の原則も入ってます。これまでの人類がつかんだ、発見した、手に入れた、より人間らしく生きるために役に立つ言葉を全部入れてあるんですね。日本国憲法の「前文」を一字一句そのままパフォーマンスとして読んだのを聞いたことがあります。松元ヒロさんのコント「憲法くん」の中でした。感動しました。やはり前文には、よく練られている深い思想を感じました。

そして、いまの世界がそこからどれだけずれてきているのか……。涙が出そうになるほど遠く違うところへ来ているという感じがしてなりません。

ハーグ世界平和会議

一九九九年五月十二日から十五日まで、オランダのハーグで、第三回平和市民会議が行われました。今回の主催は、非政府組織(NGO)でした。参加者は、世界百カ国以上から集まった一万人の反戦・平和運動団体の人たちです。今世紀最後の最大規模の平和市民会議として、「最も戦争に苦しめられた世紀」から「戦争のない二十一世紀」をめざす具体的な提言を行いました。

第一回の国際平和会議があったのは、いまからちょうど百年前の一八九九年です。このときに決まったことが、すぐ国際法になっています。第一回で決まったのは、戦争をするときに宣戦布告をするということ。宣戦布告をする前には、武力を行使してはならないということです。それから、当時は毒ガスが使われ始めていました。戦争のために毒ガスや青酸カリなどを取り入れたりしていました。つまり負けて退却するときに、井戸などに毒物を入れるんですね。そういうことはやめましょうという申し合わせが、国際法に採用されました。

第二回の会議が一九〇七年です。このときには、有名な戦争のルールである「ハーグ陸戦規則」が決まります。これも戦時国際法になりました。

今回の第三回平和市民会議で発表された、今後の活動方針「二十一世紀の平和と正義を求める基本十原則」の第一項目に決まったことがあります。それは、

「各国の議会が日本国憲法にならって、政府の戦争行為を禁じる決議を採択するように呼びかけていく」

ということでした。つまり、

「日本の憲法第九条を二十一世紀に世界の憲法にしよう。そうしないと世界の平和はありえない」

ということを平和市民会議で呼びかけているわけですね。憲法第九条は世界中の人が認めてきているわけです。その出生については、さまざまあやしいこともあったが、しかし、中身はすばらしい。日本国憲法が非常に高い先見性をもっていることが証明されています。

日本の核状況

いまわたしたちは、日本政府に核の問題で何を言っても無理なんですね。政府は中国からウラン鉱石を輸入して、原子力発電で電力をつくっています。その結果、プルトニウムができます。このプルトニウムをフランスに運んで処理してもらう。それを日本に持ち帰って埋めることを続けています。

ですから、唯一の被爆国であるにもかかわらず、核兵器に反対できない背景があります。反対しても筋が通らない、それで通り一遍のことをするしかない。

わたしたちが核兵器に反対するには、政府ではなく、民間の人たちと協力しないと駄目なんですね。

国家という単位ではなく、国境を超えた民間のＮＧＯの人たちが世界を変えていく力を持ってきています。かつて「万国の労働者よ、団結せよ」という言い方がありました。それは、けっして古いことではありません。万国の普通の市民が団結しないと、国家というものに対抗できないことがはっきりしてきています。

いまはお金も国境を超える。人も超える。物も超えるという時代です。これからは、ＮＧＯの人たちを頼りにするより仕方がないんですね。

たとえば、アムステルダムに本拠を置く世界的な環境保護団体である「グリーンピース」のさまざまな支援。国際医療奉仕を目的とする民間医師団「国境なき医師団(ＭＳＦ)」の人道を基本にした活躍など。

自分たちを、国境を超えて地球上に生きている「人間」と規定し直す。そして、志を同じくする人々と一緒に動く。一人ひとりは六十億分の一でも、たくさん集まれば力になる。「対人地雷全面禁止条約」のように、ＮＧＯが頑張って政府を動かすことができるわけです。これを同じように、核兵器禁止に関する、国家間の取り決めまで持っていけるかどうかが、二十一世紀最初の課題だと思っています。

わたしたちの使命

客観的に見て、日本人には意外にも、たいへん大きな使命を与えられていると思います。まず第一に、日本の広島と長崎に核爆弾が落とされた。よりによって、日本だけに二つの核爆弾が落とされた。この核に対して、人類は記憶し続け、抵抗し続け、そして、生き延びなければならない。

ご存じのように、いま世界にある核弾頭は五万発と言われています。その核弾頭は、平均してヒロシマ型原爆の二十倍の威力を持っています。戦争中に日本全国の都市を爆撃していたB―29は、一機あたり二十トンの高性能火薬爆弾を積んでいました。ところが、ヒロシマ型原爆は、たった一発で、B―29千機分の爆発力を持っています。つまり、あの原爆一発には、高性能火薬がじつに二万トン詰まっていた計算になります。そしていまの核弾頭は、その二十倍の威力と言いますから四十万トンの爆発力があるわけですね。それだけの爆発力を持つ核弾頭が、五万発です。これを換算すると、二百億トンです。

現在の世界の人口は六十億です。二百億トンを、六十億人で割ってみましょう。計算しますと、われわれは、一人当たり三トン以上の火薬を背負って、この地球上に生きているわけですね。そういう危険な中で、恋愛をしたり、結婚をしたりしている。なんという危険な状態でしょう。ですから、これからみんなで減らしていかなければいけないのですね。

そうするためには、「何があっても武力では解決しない」という「戦争放棄に関する条約」に戻らないといけないのではないか。

今年も広島と長崎の被爆者の方々は亡くなっています。この一年間(一九九八―九九)、被爆者でお亡くなりになった方が八千人もいらっしゃいます。つまり広島と長崎に落ちた原子爆弾は、いまなお年に八千人もの被爆者をゆっくり殺しているとも言えるわけです。ですから、あの核兵器は、じつはまだ爆発を続けているのです。

戦争の世紀への訣別

二十世紀は、戦争の世紀でもありました。二つも世界大戦があり、大虐殺があり、核兵器までもが使用された悲惨な世紀でした。

しかし一方では、今世紀になって初めて国際法で植民地制度は否定されました。拷問も国際法で禁止されました。表立って拷問をやっている国はありません。それから、男女同権。女性の選挙権も今世紀から始まっています。奴隷制度もなくなりました。

そういう意味では、さまざまに前進もしています。この前進する瞬間をとらえて、それを人類の共通の宝物として、新しい憲法に取り込もうというのは人類の智恵です。

第二次世界大戦後にできた、「日本国憲法」は、

「戦争はいやだ。不幸なことばかりだ。これからは平和に向かって、地球上の全人類が戦争をしないで生きていこう」という気持ちが高まっていたときに生まれたものです。その前進の瞬間にできたということを忘れてはいけないのではないか。ですから、わたしは「日本国憲法」は世界史からの贈物であり、しかも最高の傑作だと信じています。人類はある一面では少しずつは進んできている。それに賭けようではないかというのが、わたしの個人的な決意です。

世界史からの使命がわたしたち日本人に課せられています。逆に言えば、わたしたち日本人は、歴史から選ばれた存在なのです。きたるべき二十一世紀に、たとえば核問題を「日本国憲法」で解決する。そのことでわたしたちは人類史に貢献できるのではないでしょうか。

井上ひさし　憲法関連ブックガイド

◇憲法をめぐる井上ひさしの著作のうち、特に参考になるものをあげておく。二〇二一年三月現在、入手が比較的容易なものを中心とした。※印は品切中だが、重要な書籍のため特記した。

井上ひさし著、いわさきちひろ絵『井上ひさしの 子どもにつたえる日本国憲法』(講談社　二〇〇六年七月二十日刊)　＊「ちひろ美術館」公式YouTubeチャンネルで、本書の朗読動画が公開されている(朗読＝斉藤とも子)。

井上ひさし、井上ユリ、梅原猛、大江健三郎、奥平康弘、澤地久枝、鶴見俊輔『井上ひさしの言葉を継ぐために』(岩波ブックレット798　二〇一〇年十二月八日刊)　＊井上ひさしの講演『原爆とは何か』収録。

井上ひさし原案、武田美穂絵『「けんぽう」のおはなし』(講談社　二〇一一年四月九日刊)

大江健三郎、内橋克人、なだいなだ、小森陽一『取り返しのつかないものを、取り返すために──大震災と井上ひさし』(岩波ブックレット814　二〇一一年七月八日刊)

井上ひさし、樋口陽一著『「日本国憲法」を読み直す』(岩波現代文庫　二〇一四年七月十六日刊)
＊一九九四年一月二十日講談社刊行の単行本の増補改訂版。

井上ひさし著『この人から受け継ぐもの』(岩波現代文庫　二〇一九年四月十六日刊)　＊憲法に

関わる講演として、「憲法は政府への命令――吉野作造を読み返す」、「戦争責任ということ――丸山眞男に私淑して」を収録。

井上ひさし著、井上ユリ編『井上ひさしベスト・エッセイ』(ちくま文庫　二〇一九年六月十日刊)　＊「心の内 昭和は続く」等を収録。

井上ひさし著『井上ひさし 発掘エッセイ・セレクション「社会とことば」』(岩波書店　二〇二〇年四月十日刊)　＊「世界の流れの中で考える 日本国憲法」、「「九条の会」呼びかけ人による憲法ゼミナール」を収録。

井上ひさし著、井上ユリ編『ひと・ヒト・人――井上ひさしベスト・エッセイ 続』(ちくま文庫　二〇二〇年九月十日刊)　＊「世界の真実、この一冊に」、「『この国のかたち』のかたち」、「餓鬼大将の論理」等を収録。

※井上ひさし選、日本ペンクラブ編『憲法を考える本』(光文社文庫　一九九七年四月二十日刊)

※井上ひさし、樋口陽一編『「世界」憲法論文選』(岩波書店　二〇〇六年二月二十四日刊)

解説

小森陽一

日本国憲法について、井上ひさし(以下、生前呼びならわした「ひさしさん」と記すことにする)が最初に書いたエッセイが、本書冒頭の一九七七年四月三〇日の『読売新聞』に掲載された「憲法を生きて」である。

直前の四月一八日に開かれた第四回日米防衛協力小委員会は、補助機関として作戦・情報・後方支援の三つの部会を設置し、「自衛隊と米軍との間の整合のとれた共同対処行動」(一九七六年七月八日の第一六回日米安全保障協議委員会合意)が出来る体制を確立した。

新憲法制定三〇年という歴史的時点において、「国と国民個人」との「生命をかけたゲーム」の実況について、ひさしさんは野球の試合にたとえている。状況は、国民の側が国から「ホームラン」を一発くらい、味方の連続失策で満塁の危機」になっている。

「ホームラン」とは、日本国憲法九条に規定されている「戦力放棄というとりきめを国によって破られていること」、すなわち一九五四年七月一日に、陸海空自衛隊が創設され、再軍備が始まったことである。「満塁の危機」の三塁ランナーは、岸信介内閣によって一九六〇年六月二三日に発効された、「日本国とアメリカ合衆国との間の相互協力及び安全保障条約」、二塁は岸の実弟佐藤栄作内閣による一九七〇年の日米安保条約自動延長、そして一塁は岸政権のときの自民党幹事長で佐藤政権の蔵相や外相を歴任した福田赳夫政権において、先に述べた「自衛隊と米軍との」「共同対処行動」への道が開かれたことである。

「議会民主主義というとりきめをわたしたち自身で踏みにじっている」ことの内実は、直近で言えば、田中角栄金脈をめぐるロッキード事件を徹底究明しようとした三木武夫政権に対し、自民党内で「三木おろし」の運動が起き、福田政権が成立したことを指す。広い意味では国民の代表である国会議員を選ぶ選挙が、「金権選挙」と呼ばれるようになってしまっている状況を指している。

この文章が「人生」の中で「未来がもっとも美しく、かつ輝かしく見えた」「一九四七年の春から初夏にかけて」の記憶から書き始められていることは重要である。「新しい中学の新入生」とあるように、この年の三月三一日に新憲法に基づく教育基本法と学校教育法が公布され、「新しい中学」が開設され、五月三日に新憲法が施行されたことをめぐる記憶にほかならない。

「読物としての新憲法」(一九八〇・一〇・二三)では、国民主権、平和主義、政治道徳の普遍性という新憲法の三原則の重要性を強調し、「私家版憲法読本」(一九八二・四・二七、

二八、三〇)では、憲法前文の論理的な明晰さを強調したうえで、「押しつけ」憲法論を、「昭和二十年秋から一年間の新聞を丁寧に読」むことで批判している。この歴史的実証過程が全面展開されているのが「これからだ――日本国憲法を読もう」(一九八二・六)である。この文章の末尾近く、ひさしさんの憲法論の前提に、仙台の高校時代からの親友、本文執筆時東大法学部教授であった樋口陽一さんの存在があることが示されている。

本書に収録されているひさしさんの憲法論の時系列では、第二部とした「二つの憲法」(一九九九・一〇)がこの後に続くことになる。一九九九年八月一三日と一四日の両日に行われた講座を基にした、「大日本帝国憲法と日本国憲法」という副題をもつこの論文は、ひさしさんの本格的な近代憲法論であり、日本を戦争国家にしていった大日本帝国憲法と、日本国憲法の明確な違いが論じられている。

ひさしさんと私は、この数年前(一九九六年八月)から、集英社の文芸雑誌『すばる』のために「座談会　昭和文学史」の収録をはじめていた。その意味で大日本帝国憲法下で、日本が最終的に十五年戦争に突入していく時代の文学状況について、それぞれの作家や領域に詳しい評論家の方たちと討論を重ねていた。一人ひとりの文学者について詳細な年表を毎回作成しながら、ひさしさんは大日本帝国憲法と日本国憲法の違いについて、思想的な問い直しを継続されていた。

一回目の講座が行われた八月一三日には、この時の小渕恵三政権によって、多くの教育関係者と国民の広範な反対の運動を押し切って国会で強行された、日の丸を国旗、「君が代」を国歌とする「国旗及び国歌に関する法律」が施行されている。自民党小渕政権は自由党と公明党との事実上の連立政権として、この年の予算を早期に成立させ、自衛隊が国連平和活動へ積極的に参加するという海外派遣を進めながら、「日米防衛協力のための指針」を見直し、自衛隊と米軍の協力関係を強化していったのである。

「二つの憲法」の第一章「憲法の誕生」では、世界史的な枠組で憲法体制が確立していく過程を、一六八八年のイギリス「名誉革命」と翌年の「権利章典」、さらにその翌年のジョン・ロックの『国政二論』に説き及び、その八六年後となる一七七六年のアメリカの「独立宣言」、八八年の「アメリカ成文憲法」、そして翌年の「フランス革命」と「人権宣言」が位置づけられていく。

第二章「大日本帝国ができるまで」では、伊藤博文の「枢密院における憲法制定の根本精神についての所信」を分析し、伊藤のねらいが「皇室を宗教にする」ところにあったという、ひさしさん独自の論点を提出していく。

第三章「戦争から敗戦まで」では、「大日本帝国憲法」体制を、「天皇に権力を集中、天皇大権を打ち出した天皇絶対主義の憲法だった」とひさしさんは位置づけている。しかも、この憲法では「権力へのチェック機能はないに等し」かったのである。そして大日本帝国が国際連盟を脱退し、戦争へ突き進んでいく過程が、天皇の統帥権との関係で分析されていくことになる。

第四章「日本国憲法ができるまで」では、「今世紀の人類が血を流し多大の犠牲を払いながら創り上げた、国際連盟や不戦条約などに見られる、人間には平和を求める権利があるのだという思想が、新しい憲法に盛り込まれることになりました」と日本国憲法の世界史的な意味を強調している。

この文章の末尾で、ひさしさんは、「世界史からの使命がわたしたち日本人に課せられてい」るとして、「きたるべき二十一世紀に、たとえば核問題を「日本国憲法」で解決する」という「貢献」の仕方を提起していく。

「エッセイの題材」(二〇〇〇・八)では森喜朗政権下の危険な政治動向の中で、「日本国憲法の三つの原理」である「国民主権、人権尊重、永久平和」の世界史的な意味が強調されていく。

ほぼ同じ時期の「軍隊は国民を守ってくれない」は、新ガイドラインに反対する集会での発言である。

翌年の二〇〇一年九月一一日、アメリカでの「同時多発テロ」以後、アメリカは「テロとの戦争」を主張し、日本の小泉純一郎政権は、それへの積極的な協力を進めようとし、自衛隊の海外派遣の危機が高まっていった。

「九・一一」の衝撃が広がる中、ひさしさんは生まれ故郷川西小松の山形県立置賜農業高校「百周年記念講演」で敬愛する中村哲さんの活動について話をしたのが「世界の真実と中村哲さんのこと」。ひさしさんの中村哲さんへの深い敬愛が伝わってくる。

小泉政権が戦場となっているイラクへ、自衛隊の派遣を進める中、「改憲」をしなければ「国際貢献」が出来ないという議論が与野党を問わず高められていく。二〇〇四年の春の憲法世論調査では、憲法を「変えた方が良い」という人が、六割をこえた。

これは看過するわけにはいかないということで、「九条の会」を結成する運びになっていった。「九・一二」の後、憲法学者や政治学者の方々を中心に「憲法再生フォーラム」が結成され、その呼びかけ人として加藤周一さんとひさしさんが一緒に活動をはじめ、事務局として私も講演会等で御一緒になることが重なっていった。「憲法再生フォーラム」の構成員の殆どが、憲法学者、法学者、政治学者であった。月一回岩波書店で開かれていた会議に参加する文学関係者は、加藤さんとひさしさんと私ぐらいだった。そして数十人の会議参加者のうち、この三人だけが喫煙者で、休み時間に会場外の灰皿を囲み、雑談めいた本気の話をしていた。

ある時加藤さんが「六〇年安保世代は今どうしているかね?」と問われたので、私は「ほぼ皆さん定年退職されていると思います」と答えると、ニヤッと笑って「全員企業や役所からは自由なのだな」とおっしゃった。そこからこれまでにない運動組織をつくる話となり、ひさしさんが「軍隊的ピラミッド型ではない講のような形が良いナ」と応じられた。

「講」とは例えばお伊勢参入りをするために、村の人々が毎月一定の日に集まり、お金も積み立てていくという江戸時代の庶民の組織形態のこと。大工職人を中心とした聖徳太子を奉賛する太子講、京都の伏見稲荷大社に参詣するための稲荷講などがあると、ひさしさんは戯作者としての蘊蓄を傾けた。このあたりのやり取りが、「九条の会」の構想に向かうきっかけになっていたのではないかと、改めて思い起こしている。

それまで「座談会　昭和文学史」で信頼関係をつくった、大江健三郎さんや小田実さん、小田さんの盟友である鶴見俊輔さん、哲学者の梅原猛さん、憲法学者の奥平康弘さん、ノンフィクション作家の澤地久枝さん、従軍慰安婦問題で中心となっていた三木睦子さんの九人で「九条の会」を結成したのが、この年の六月一〇日であった。

その後、呼びかけ人が三人ずつで、全国の主要都市で「九条の会」講演会を行い、それに応じる形で、すべての都道府県の地域・職場・学園で、それぞれの「九条の会」が結成されていった。

全国主要都市での、呼びかけ人三人ずつによる「九条の会」講演会は第二、第三会場を用意するような盛況であった。神奈川の講演会で五〇音順の最初に登壇したひさしさんは、講演を終えると近くの第二会場にかけつけ、二人目と三人目の間にスピーチをし、遠く離れた第三会場では三人目の後に、かなり長い話をされ、参加者は大感激。

全国で三五〇〇の会が結成される中、二〇〇五年七月三〇日東京有明コロシアムで、中仕切りの講演会のときのひさしさんの講演が「あんな時代に戻りたいのか」である。

二〇〇六年から二〇〇七年にかけての「九条の会」の活動の広がりは、全国で七五〇〇をこえる会の結成につながり、自らの任期中に改憲をかかげた第一次安倍晋三政権を追い込み、世論調査でも「憲法を変えないほうがいい」が多数派となった。そうした中で発表されたのが「いちばん偉いのはどれか」(二〇〇七・四)と「憲法の三原理」(二〇〇七・六)である。

呼びかけ人の小田実さんが亡くなった後開催された、「九条の会」の追悼講演会での発言が「絶対平和とはなにか」(二〇〇八・三・八)。「小田さんの本を読み、アイデアを受け継ぐかぎり、小田さんは亡くなっていないのだと私は思います」という講演の結びの一言には、物書きとしての連帯が込められている。

「自分にとって大切な友を、けっして裏切ってはならない」(二〇〇九・六・二)は加藤周一さんを追悼する「九条の会」講演会での発言。やはり結びの「この「友達」の一人が、実は日本の憲法だというふうに、僕は思っています。特に九条、二五条というのは親友中の親友ですから、彼らを裏切ることはできない。それが、私が考えた加藤周一さんの志を継ぐということです」は、心に刻み込まれていく言葉のつらなりだ。

(こもりようういち　東京大学名誉教授)

本書は岩波現代文庫オリジナル編集版である。なお、本文中に今日からすると社会的差別にかかわる表現があるが、書かれた時代および著作の歴史性を考慮して、そのままとした。

井上ひさしの憲法指南

2021年3月12日　第1刷発行
2021年7月15日　第3刷発行

著　者　井上ひさし（いのうえ）

発行者　坂本政謙

発行所　株式会社 岩波書店
〒101-8002 東京都千代田区一ツ橋2-5-5

案内 03-5210-4000　営業部 03-5210-4111
https://www.iwanami.co.jp/

印刷・精興社　製本・中永製本

ISBN 978-4-00-603325-5　　Printed in Japan

岩波現代文庫創刊二〇年に際して

二一世紀が始まってからすでに二〇年が経とうとしています。この間のグローバル化の急激な進行は世界のあり方を大きく変えました。世界規模で経済や情報の結びつきが強まるとともに、国境を越えた人の移動は日常の光景となり、今やどこに住んでいても、私たちの暮らしは世界中の様々な出来事と無関係ではいられません。しかし、グローバル化の中で否応なくもたらされる「他者」との出会いや交流は、新たな文化や価値観だけではなく、摩擦や衝突、そしてしばしば憎悪までをも生み出しています。グローバル化にともなう副作用は、その恩恵を遥かにこえていると言わざるを得ません。

今私たちに求められているのは、国内、国外にかかわらず、異なる歴史や経験、文化を持つ「他者」と向き合い、よりよい関係を結び直してゆくための想像力、構想力ではないでしょうか。

新世紀の到来を目前にした二〇〇〇年一月に創刊された岩波現代文庫は、この二〇年を通して、哲学や歴史、経済、自然科学から、小説やエッセイ、ルポルタージュにいたるまで幅広いジャンルの書目を刊行してきました。一〇〇〇点を超える書目には、人類が直面してきた様々な課題と、試行錯誤の営みが刻まれています。読書を通した過去の「他者」との出会いから得られる知識や経験は、私たちがよりよい社会を作り上げてゆくために大きな示唆を与えてくれるはずです。

一冊の本が世界を変える大きな力を持つことを信じ、岩波現代文庫はこれからもさらなるラインナップの充実をめざしてゆきます。

（二〇二〇年一月）

S286
平和は「退屈」ですか
―元ひめゆり学徒と若者たちの五〇〇日―
下嶋哲朗

沖縄戦の体験を、高校生と大学生が語り継ぐプロジェクトの試行錯誤の日々を描く。社会人となった若者たちに改めて取材した新稿を付す。

S287
野口体操入門
―からだからのメッセージ―
羽鳥操

「人間のからだの主体は脳でなく、体液である」という身体哲学をもとに生まれた野口体操。その理論と実践方法を多数の写真で解説。

S288
日本海軍はなぜ過ったか
―海軍反省会四〇〇時間の証言より―
澤地久枝
半藤一利
戸髙一成

勝算もなく、戦争へ突き進んでいったのはなぜか。「勢いに流されて――」。いま明かされる海軍トップエリートたちの生の声。肉声の証言がもたらした衝撃をめぐる白熱の議論。

S289-290
アジア・太平洋戦争史(上・下)
―同時代人はどう見ていたか―
山中恒

いったい何が自分を軍国少年に育て上げたのか。三〇年来の疑問を抱いて、戦時下の出版物を渉猟し書き下ろした、あの戦争の通史。

S291
戦下のレシピ
―太平洋戦争下の食を知る―
斎藤美奈子

十五年戦争下の婦人雑誌に掲載された料理記事を通して、銃後の暮らしや戦争について知るための「読めて使える」ガイドブック。文庫版では占領期の食糧事情について付記した。

2021.7

S292
食べかた上手だった日本人
―よみがえる昭和モダン時代の知恵―
魚柄仁之助

八〇年前の日本にあった、モダン食生活のユートピア。食料クライシスを生き抜くための知恵と技術を、大量の資料を駆使して復元!

S293
新版 報復ではなく和解を
―ヒロシマから世界へ―
秋葉忠利

長年、被爆者のメッセージを伝え、平和活動を続けてきた秋葉忠利氏の講演録。好評を博した旧版に三・一一以後の講演三本を加えた。

S294
新島襄
和田洋一

キリスト教を深く理解することで、日本の近代思想に大きな影響を与えた宗教家・教育家、新島襄の生涯と思想を理解するための最良の評伝。〈解説〉佐藤 優

S295
戦争は女の顔をしていない
スヴェトラーナ・アレクシエーヴィチ
三浦みどり訳

ソ連では第二次世界大戦で百万人をこえる女性が従軍した。その五百人以上にインタビューした、ノーベル文学賞作家のデビュー作にして主著。〈解説〉澤地久枝

S296
ボタン穴から見た戦争
―白ロシアの子供たちの証言―
スヴェトラーナ・アレクシエーヴィチ
三浦みどり訳

一九四一年にソ連白ロシアで十五歳以下の子供だった人たちに、約四十年後、戦争の記憶がどう刻まれているかをインタビューした戦争証言集。〈解説〉沼野充義

2021.7

S297
フードバンクという挑戦
―貧困と飽食のあいだで―
大原悦子

食べられるのに捨てられてゆく大量の食品。一方に、空腹に苦しむ人びと。両者をつなぐフードバンクの活動の、これまでとこれからを見つめる。

S298
いのちの旅
「水俣学」への軌跡
原田正純

水俣病公式確認から六〇年。人類の負の遺産「水俣」を将来に活かすべく水俣学を提唱した著者が、様々な出会いの中に見出した希望の原点とは。〈解説〉花田昌宣

S299
紙の建築 行動する
―建築家は社会のために何ができるか―
坂茂

地震や水害が起きるたび、世界中の被災者のもとへ駆けつける建築家が、命を守る建築の誕生とその人道的な実践を語る。カラー写真多数。

S300
犬、そして猫が生きる力をくれた
―介助犬と人びとの新しい物語―
大塚敦子

保護された犬を受刑者が介助犬に育てるという米国での画期的な試みが始まって三〇年。保護猫が刑務所で受刑者と暮らし始めたこと、元受刑者のその後も活写する。

S301
沖縄 若夏の記憶
大石芳野

戦争や基地の悲劇を背負いながらも、豊かな風土に寄り添い独自の文化を育んできた沖縄。その魅力を撮りつづけてきた著者の、珠玉のフォトエッセイ。カラー写真多数。

2021.7

S302
機会不平等
斎藤貴男

機会すら平等に与えられない〝新たな階級社会の現出〟を粘り強い取材で明らかにした衝撃の著作。最新事情をめぐる新章と、森永卓郎氏との対談を増補。

S303
私の沖縄現代史
―米軍支配時代を日本〈ヤマト〉で生きて―
新崎盛暉

敗戦から返還に至るまでの沖縄と日本の激動の同時代史を、自らの歩みと重ねて描く。日本〈ヤマト〉で「沖縄を生きた」半生の回顧録。岩波現代文庫オリジナル版。

S304
私の生きた証はどこにあるのか
―大人のための人生論―
H・S・クシュナー
松宮克昌訳

私の人生にはどんな意味があったのか？　人生の後半を迎え、空虚感に襲われる人々に旧約聖書の言葉などを引用し、悩みの解決法を提示。岩波現代文庫オリジナル版。

S305
戦後日本のジャズ文化
―映画・文学・アングラ―
マイク・モラスキー

占領軍とともに入ってきたジャズは、アメリカそのものだった！　映画、文学作品等の中のジャズを通して、戦後日本社会を読み解く。

S306
村山富市回顧録
薬師寺克行編

戦後五五年体制の一翼を担っていた日本社会党は、その誕生から常に抗争を内部にはらんでいた。その最後に立ち会った元首相が見たものは。

岩波現代文庫[社会]

S307
大逆事件
—死と生の群像—
田中伸尚

天皇制国家が生み出した最大の思想弾圧「大逆事件」。巻き込まれた人々の死と生を描き出し、近代史の暗部を現代に照らし出す。〈解説〉田中優子

S308
「どんぐりの家」のデッサン
漫画で障害者を描く
山本おさむ

かつて障害者を漫画で描くことはタブーだった。漫画家としての著者の経験から考えてきた、障害者を取り巻く状況を、創作過程の試行錯誤を交え、率直に語る。

S309
鎖塚
—自由民権と囚人労働の記録—
小池喜孝

北海道開拓のため無残な死を強いられた囚人たちの墓、鎖塚。犠牲者は誰か。なぜその地で死んだのか。日本近代の暗部をあばく迫力のドキュメント。〈解説〉色川大吉

S310
聞き書 野中広務回顧録
御厨貴
牧原出 編

二〇一八年一月に亡くなった、平成の政治をリードした野中広務氏が残したメッセージ。五五年体制が崩れていくときに自民党の中で野中氏が見ていたものは。〈解説〉中島岳志

S311
不敗のドキュメンタリー
—水俣を撮りつづけて—
土本典昭

『水俣—患者さんとその世界—』『医学としての水俣病』『不知火海』などの名作映画の作り手の思想と仕事が、精選した文章群から甦る。〈解説〉栗原彬

2021.7

S312
増補 隔離
―故郷を追われたハンセン病者たち―
徳永 進

らい予防法が廃止され、国の法的責任が明らかになった後も、ハンセン病隔離政策が終わり解決したわけではなかった。回復者たちの現在の声をも伝える増補版。〈解説〉宮坂道夫

S313
沖縄の歩み
国場幸太郎
新川明・鹿野政直編

米軍占領下の沖縄で抵抗運動に献身した著者が、復帰直後に若い世代に向けてやさしく説き明かした沖縄通史。幻の名著がいま蘇る。〈解説〉新川明・鹿野政直

S314
ぼくたちはこうして学者になった
―脳・チンパンジー・人間―
松本元
松沢哲郎

「人間とは何か」を知ろうと、それぞれ新たな学問を切り拓いてきた二人は、どのような生い立ちや出会いを経て、何を学んだのか。

S315
ニクソンのアメリカ
―アメリカ第一主義の起源―
松尾文夫

白人中産層に徹底的に迎合する内政と、中国との和解を果たした外交。ニクソンのしたたかな論理に迫った名著を再編集した決定版。〈解説〉西山隆行

S316
負ける建築
隈研吾

コンクリートから木造へ。「勝つ建築」から「負ける建築」へ。新国立競技場の設計に携わった著者の、独自の建築哲学が窺える論集。

2021.7

岩波現代文庫［社会］

S317
全盲の弁護士　竹下義樹
小林照幸
視覚障害をものともせず、九度の挑戦を経て弁護士の夢をつかんだ男、竹下義樹。読む人の心を揺さぶる傑作ノンフィクション！

S318
一粒の柿の種
―科学と文化を語る―
渡辺政隆
身の回りを科学の目で見れば…。その何と楽しいことか！　文学や漫画を科学の目で楽しむコツを披露。科学教育や疑似科学にも一言。〈解説〉最相葉月

S319
聞き書　緒方貞子回顧録
野林健
納家政嗣編
「人の命を助けること」、これに尽きます――。国連難民高等弁務官をつとめ、「人間の安全保障」を提起した緒方貞子。人生とともに、世界と日本を語る。〈解説〉中満泉

S320
「無罪」を見抜く
―裁判官・木谷明の生き方―
木谷明
山田隆司
嘉多山宗聞き手・編
有罪率が高い日本の刑事裁判において、在職中いくつもの無罪判決を出し、その全てが確定した裁判官は、いかにして無罪を見抜いたのか。〈解説〉門野博

S321
聖路加病院　生と死の現場
早瀬圭一
医療と看護の原点を描いた『聖路加病院で働くということ』に、緩和ケア病棟での出会いと別れの新章を増補。〈解説〉山根基世

2021. 7

岩波現代文庫[社会]

S322
菌世界紀行
―誰も知らないきのこを追って―
星野保

大の男が這いつくばって、世界中の寒冷地にきのこを探す。雪の下でしたたかに生きる菌たちの生態とともに綴る、とっておきの〈菌道中〉。〈解説〉渡邊十絲子

S323-324
キッシンジャー回想録 中国(上・下)
ヘンリー・A・キッシンジャー
塚越敏彦ほか訳

世界中に衝撃を与えた米中和解の立役者であるキッシンジャー。国際政治の現実と中国の論理を誰よりも知り尽くした彼が綴った、決定的「中国論」。〈解説〉松尾文夫

S325
井上ひさしの憲法指南
井上ひさし

「日本国憲法は最高の傑作」と語る井上ひさし。憲法の基本を分かりやすく説いたエッセイ、講演録を収めました。〈解説〉小森陽一

S326
増補版 日本レスリングの物語
柳澤健

草創期から現在まで、無数のドラマを描きき る日本レスリングの「正史」にしてエンターテインメント。〈解説〉夢枕獏

2021.7